COMMUNICATION PROGRESSIVE DU FRANÇAIS

avec 270 activités

Claire Miquel

www.cle-inter.com

Direction éditoriale : Michèle Grandmangin
Édition : Odile Tanoh-Benon
Correction : Jean-Pierre Delarue
Illustrations : Claude-Henri Saunier
Maquette : Télémaque
Mise en pages : CGI

ISBN : 209-033306-5

Avant-propos

Bienvenue dans la *Communication progressive du français,* **niveau débutant** !

L'objectif de ce livre est d'offrir à **un adulte ou un adolescent de niveau débutant ou faux-débutant** un contact direct avec des situations réelles de communication. En effet, les 40 chapitres thématiques qui composent cet ouvrage correspondent à **des actes de parole** essentiels aux interactions les plus courantes de la vie moderne (*demander des renseignements, localiser, parler de son CV*...). Afin de faciliter le repérage, les chapitres sont regroupés en 6 rubriques, distinguées par un titre vertical et une couleur spécifique.

Construit comme une série de cours, l'ouvrage s'inscrit dans la collection « progressive » et en respecte donc le principe.

■ **Chaque page de gauche** comprend quatre parties :

– **un dialogue** correspondant à des situations usuelles de **la vie quotidienne** : chez des commerçants, entre amis, entre parents et enfants, avec des collègues de travail...

– un point de **grammaire,** qui propose un rappel de notions fondamentales intervenant dans le dialogue (*masculin/féminin, construction du passé composé, utilisation des pronoms personnels*...) ;

– un point de **vocabulaire,** qui rassemble, dans le même champ sémantique, les termes essentiels requis dans la situation (*chez le médecin, à la gare, dans un club de gymnastique*...) ;

– enfin, sous la rubrique « **manières de dire** », un récapitulatif des structures les plus importantes à retenir pour cet acte de parole particulier.

Cette organisation permet à l'élève de travailler le dialogue de diverses manières, selon nécessité ou goût, en se concentrant plus particulièrement sur tel ou tel point.

■ **Chaque page de droite** comprend à son tour quatre types d'activités :

– le premier exercice a pour but de vérifier **la bonne compréhension du dialogue** en regard ;

– un ou deux exercices portent sur le point de **grammaire** présenté sur la page de gauche ;

– un ou deux autres exercices d'application font ensuite intervenir le **vocabulaire** introduit ;

– les dernières activités permettent à l'élève de s'approprier l'**acte de communication** abordé. Plus créatives, ces activités constituent de véritables synthèses des notions de vocabulaire, de grammaire et de communication traitées sur la page de gauche.

■ **Les illustrations** offrent au lecteur un complément d'informations sur les codes vestimentaires, les gestes, les attitudes caractéristiques des Français.

■ **Un index grammatical** permet de retrouver facilement les notions abordées sur la page de gauche.

■ **Un index de vocabulaire** comprend tous les termes présentés dans les points de vocabulaire, ainsi que les titres de situations et de rubriques.

■ **Un CD audio** ou **une cassette** séparés permettent à l'étudiant de travailler aussi bien la compréhension orale que les relations entre la prononciation et l'orthographe. Le ton choisi est le plus naturel possible, afin que ces dialogues constituent une véritable « photographie sonore » de la réalité de la communication d'aujourd'hui.

■ **Les corrigés** se trouvent dans un livret séparé, offrant ainsi toute liberté au lecteur de travailler par lui-même si besoin est.

Bonne communication !

*L'astérisque * qui suit certains mots ou expressions signale leur appartenance au registre familier de la langue.*

Table des contenus

I Faire les courses

II Renseigner, se renseigner

III Parler des lieux et des objets

IV Parler aux autres

V Parler de soi

VI Parler des autres

Faire les courses

1 Demander des articles

1 À la boulangerie-pâtisserie

L'employée : Madame ?

La cliente : Bonjour, madame, **je voudrais** un croissant au beurre, deux pains au chocolat et une brioche au sucre, s'il vous plaît.

L'employée : Oui, madame, et avec ceci ?

La cliente : Je vais prendre aussi une tarte pour six personnes.

L'employée : Qu'est-ce que vous préférez, comme tarte ? Nous avons des tartes aux pommes, aux fraises, au citron…

La cliente : Une belle tarte aux fraises, c'est très bien.

Grammaire

Le masculin, le féminin et le pluriel des noms

■ **Nom masculin**

un croissant, **un** bonbon
un gâteau **au chocolat**
une brioche **au sucre**

■ **Nom féminin**

une tarte, **une** brioche
une glace **à la fraise**, **à la framboise**…

■ **Nom pluriel**

des fruits, **des** gâteaux
une tarte **aux pommes**, **aux abricots**…

Vocabulaire

- **du pain**
  une baguette, un pain complet, un pain de mie…
- **des viennoiseries**
  un croissant, une brioche, un pain au chocolat, un chausson aux pommes…
- **des gâteaux**
  un éclair au café, un millefeuille, un chou à la crème…
- **des tartes…**
  … au citron, aux fraises, aux pommes, aux abricots…
- des bonbons, du chocolat, des glaces

Manières de dire

- Je voudrais…
- Je vais prendre…

Ou, tout simplement :

- Un croissant, s'il vous plaît !

Remarque culturelle. L'utilisation de « madame », « monsieur » est parfaitement normale et polie. Sous forme de question (« monsieur ?/madame ? »), ces mots signifient : « Vous désirez ? ».

ACTIVITÉS

1 **Relisez le dialogue ci-contre. Vrai ou faux ?**

	VRAI	FAUX
1. La cliente achète du pain.	☐	☐
2. La cliente voudrait aussi une tarte.	☐	☐
3. L'employée propose deux sortes de tarte.	☐	☐
4. La cliente choisit la tarte aux pommes.	☐	☐

2 **Complétez par « un », « une », « des ».**

1. ________ baguette
2. ________ glace
3. ________ bonbons
4. ________ pain de campagne
5. ________ brioche
6. ________ gâteaux
7. ________ tarte
8. ________ gâteau
9. ________ croissant

3 **Complétez par « au », « à la » ou « aux ».**

1. une tarte ________ pommes
2. un éclair ________ chocolat
3. un chou ________ crème
4. une glace ________ vanille
5. un sorbet ________ citron
6. un bonbon ________ menthe

4 **Que pouvez-vous acheter dans une boulangerie-pâtisserie ? Entourez les bonnes réponses.**

un croissant, une fleur, des bonbons, une baguette, un chausson aux pommes, des pommes, une tarte aux poires, du lait, une brioche, du papier, un éclair au chocolat, un pain au chocolat

5 **Complétez le dialogue suivant.**

1. — Monsieur ?
— ____

2. — Oui, monsieur. Voilà deux croissants. Et avec ceci ?
— ____

3. — Nous avons des petites tartes aux pommes, aux framboises, au citron…
— ____

4. — Voilà, monsieur, deux petites tartes au citron.

6 **Vous êtes à la boulangerie. Vous demandez une baguette, deux pains au chocolat et un croissant. Imaginez et jouez le dialogue avec la boulangère.**

2 À la poste

Susan : Bonjour, monsieur, **je voudrais envoyer ce paquet** aux États-Unis, s'il vous plaît.

Le postier : Oui, en tarif normal ou en prioritaire ?

Susan : En prioritaire, s'il vous plaît.

Le postier : D'abord, vous devez remplir cette fiche de douane.

Susan : Ah oui, « contenu du paquet » : un livre de cuisine.

Le postier : Merci. Voilà, mademoiselle, ça fait 8,50 €. Il vous faut autre chose ?

Susan : Oui, **je voudrais aussi un carnet de timbres** pour l'Europe, s'il vous plaît.

Le postier : Voilà, dix timbres à 0,50 €. Ce sera tout ?

Susan : Non. **Est-ce que vous avez aussi** des jolis timbres ?

Le postier : Oui, bien sûr. Voilà, nous avons des timbres qui représentent les principaux monuments de France.

Susan : C'est parfait ! Alors, donnez-moi cinq jolis timbres, s'il vous plaît.

Le postier : Voilà. Au total, cela fera 16 €.

Grammaire

Structure de la question simple

■ **Registre élevé**
Avez-vous des timbres ?
Habitez-vous à Lyon ?

■ **Registre normal**
Est-ce que vous avez des timbres ?
Est-ce que vous habitez à Lyon ?

■ **Registre familier, avec l'intonation**
Vous avez des timbres ?
Vous habitez à Lyon ?

Vocabulaire

- le tarif = le prix
- en tarif normal ≠ prioritaire
- un paquet = un colis
- un timbre à 0,50 € (« cinquante centimes »)
- un carnet de timbres = 10 timbres
- envoyer une lettre, une carte postale ≠ recevoir une lettre
- l'expéditeur ≠ le destinataire
- le code postal
- une fiche de douane

Manières de dire

- Je voudrais envoyer… un paquet, une lettre, une carte postale…
- Je voudrais… des timbres pour le Canada.
- Est-ce que vous avez… des timbres… ?
- Donnez-moi… un carnet de timbres.

ACTIVITÉS

1 Vrai ou faux ?

	VRAI	FAUX
1. Susan envoie une lettre aux États-Unis.	☐	☐
2. Susan achète dix timbres pour l'Europe.	☐	☐
3. Susan n'aime pas les timbres.	☐	☐
4. Elle achète un carnet de beaux timbres.	☐	☐

2 Trouvez une question possible, et variez le registre.

1. ______________________________ ?

— Non, je n'ai pas l'adresse du restaurant.

2. ______________________________ ?

— Oui, je travaille à La Poste.

3. ______________________________ ?

— Non, je préfère envoyer le paquet en tarif normal.

4. ______________________________ ?

— Oui, je reçois souvent des lettres.

5. ______________________________ ?

— Oui, je connais le code postal de cette ville.

3 Choisissez la bonne réponse.

1. Vous envoyez cette lettre en [tarif | prix] normal ?
2. J'ai reçu un [carnet | colis] de Grèce.
3. Je voudrais [recevoir | envoyer] cette lettre en Pologne.
4. Vous devez remplir une fiche de [douane | timbre].
5. Vous connaissez le code [prioritaire | postal] de ce village ?

4 Vous demandez les articles suivants. Faites des phrases.

1. dix timbres – **2.** deux timbres pour le Sénégal – **3.** envoyer un paquet en Allemagne

5 Complétez le dialogue.

1. — Je ____________________ envoyer ce colis en Angleterre, s'il vous plaît.
2. — Oui, monsieur. En ____________________ normal ou ____________________ ?
3. — Normal, s'il vous plaît.

2 Parler des quantités

1 Au marché

Le marchand : Bonjour, madame, vous désirez ?
La cliente : Je voudrais **un kilo de** tomates, **deux** courgettes et un poivron vert, s'il vous plaît.
Le marchand : Voilà, madame. Et avec ceci ?
La cliente : Je vais prendre aussi quatre pommes et **une livre de** fraises.
Le marchand : Voilà. Ce sera tout ?
La cliente : Non, je voudrais aussi **un peu de** persil.

Grammaire

Expression de la quantité

Ne dites pas :
un kilo ~~des~~ tomates,
mais :
un kilo **de** tomates,
un litre **d'**huile.

Ne dites pas :
beaucoup ~~des~~ amis,
mais :
beaucoup **d'**amis,
un grand nombre **de** gens…

Ne dites pas :
un peu ~~du~~ persil,
mais :
un peu **de** persil.

Vocabulaire

- **quelques légumes**
  une pomme de terre, une courgette, un oignon, une aubergine, une tomate, un chou-fleur, une carotte, un poivron rouge, un poivron vert, un poireau, un brocoli, une salade, des haricots verts, des champignons…
- **quelques fruits**
  une pomme, une orange, un citron, un pamplemousse, une poire, une pêche, des cerises, des fraises, un abricot, une banane, du raisin…
- **quelques herbes**
  le persil, la menthe, le basilic, les herbes de Provence (thym, romarin, laurier…)

Manières de dire

- un kilo de
- une livre de = 500 grammes de
- quatre… citrons
- une douzaine de…
- un litre de…
- un demi-litre de…

Remarque linguistique. L'expression « un demi-kilo » existe, mais est très rarement employée. On dit plutôt « une livre » ou « 500 grammes ».

ACTIVITÉS

1 **Vrai ou faux ?**

	VRAI	FAUX
1. La cliente achète seulement des légumes.	☐	☐
2. Les pommes sont des légumes.	☐	☐
3. La cliente achète 500 grammes de fraises.	☐	☐
4. La cliente achète une herbe.	☐	☐

2 **Complétez.**

1. un litre ______________ eau
2. un kilo ______________ carottes
3. une bouteille ______________ huile
4. beaucoup ______________ oignons
5. une livre ______________ abricots
6. un paquet ______________ sucre

3 **Complétez par « un », « une » ou « des ». Dites ensuite si c'est un fruit (a) ou un légume (b).**

	a	b
1. _______ fraises	☐	☐
2. _______ carotte	☐	☐
3. _______ poireau	☐	☐
4. _______ citron	☐	☐
5. _______ poivron	☐	☐
6. _______ cerises	☐	☐
7. _______ oignon	☐	☐
8. _______ poire	☐	☐
9. _______ chou-fleur	☐	☐

4 **Vous êtes chez le marchand de fruits. Voici votre liste. Faites des phrases pour demander les produits suivants.**

poivrons (2) – pommes (6) – cerises (1 kg) – haricots verts (500 g) – tomates (12)

____

____

____

____

____

5 **Remettez le dialogue dans l'ordre.**

a. — Voilà, monsieur. Et avec ceci ?
b. — Je voudrais six pêches et une livre de cerises, s'il vous plaît.
c. — Bonjour, monsieur, vous désirez ?
d. — Ce sera tout, merci.

1. ____________ 2. ____________ 3. ____________ 4. ____________

2 À l'épicerie

Le client : Alors, **il me faut**... du jambon, du comté, de la crème fraîche, des œufs, de l'eau... Bonjour monsieur, **je voudrais un morceau de** comté, s'il vous plaît.
L'épicier : Voilà, monsieur, et avec ceci ?
Le client : Donnez-moi aussi **un petit pot de** crème fraîche et **une douzaine d'**œufs.
L'épicier : Voilà. Ce sera tout ?
Le client : Non, il me faut aussi **quatre tranches de** jambon, s'il vous plaît. Et **je vais prendre deux bouteilles d'**eau plate.

Grammaire

Quantité indéfinie

■ **Nom masculin**
du jambon, **du** fromage

■ **Nom féminin**
de la confiture, **de la** crème

■ **Nom féminin commençant par « h » ou une voyelle**
de l'eau, **de l'**huile

■ **Nom pluriel**
des biscuits, **des** épinards

Vocabulaire

- **des produits de base**
  le riz, les pâtes, le sucre, la farine, la confiture, le miel, les conserves, la sauce tomate, la mayonnaise, l'huile, le vinaigre, le sel, le poivre, l'eau minérale, le vin, la bière...
- **des produits frais**
  le jambon, le fromage, le lait, le beurre, les yaourts, la crème fraîche, les œufs, les fruits, les légumes, etc.
- **la viande**
  le porc, le bœuf, l'agneau, le veau, le poulet...
- **le poisson**
  le saumon, la truite, le thon...

Manières de dire

- Je voudrais... un paquet de biscuits, un pot de crème...
- Il me faut... un morceau de fromage, une tranche de jambon...
- Donnez-moi... un tube de mayonnaise...
- Je vais prendre... une bouteille d'huile...

Remarque de vocabulaire. On distingue l'eau minérale « plate » = sans gaz (Évian, Volvic...) et l'eau « gazeuse » (Perrier, Badoit...).

ACTIVITÉS

1 Vrai ou faux ?

	VRAI	FAUX
1. Le client achète un morceau de fromage.	☐	☐
2. Il achète aussi douze œufs.	☐	☐
3. L'épicier n'a pas d'eau minérale.	☐	☐

2 Complétez par « du », « de la », « de l' », « des », « de » ou « d' ».

1. ______________ jambon
2. deux tranches ______________ jambon
3. une bouteille ______________ huile
4. ______________ huile
5. un kilo ______________ farine
6. ______________ farine
7. ______________ œufs
8. une douzaine ______________ œufs
9. ______________ biscuits
10. un paquet ______________ biscuits

3 Complétez les légendes.

1. ______________________
2. ______________________
3. ______________________
4. ______________________
5. ______________________
6. ______________________

4 Choisissez la bonne réponse.

1. — Bonjour, madame, vous [désirez | donnez] ?
2. — Je [vais | voudrais] une bouteille d'huile d'olive, s'il vous plaît.
3. — Oui, madame, et avec ceci ?
4. — [Dites | Donnez-moi] aussi six œufs et un pot de crème fraîche.
5. — Voilà. Ce [sera | faut] tout ?
6. — Oui, merci.

5 Voici les produits que vous désirez acheter. Faites quatre phrases différentes pour les demander.

1. *roquefort* ______________________________________
2. *beurre (500 g)* ______________________________________
3. *vinaigre* ______________________________________
4. *farine* ______________________________________

3 Demander le prix

Dans une papeterie

La vendeuse : Bonjour, monsieur, je peux vous renseigner ?
Le client : Oui, je voudrais voir les stylos à plume, s'il vous plaît.
La vendeuse : Oui, **vous voulez mettre combien** ?
Le client : Je ne sais pas, 40, 50 €, ça dépend.
La vendeuse : Alors, regardez ici.
Le client : Ah, ce stylo est très joli, **il fait combien** ?
La vendeuse : 75 €, monsieur.
Le client : Euh... Et **vous pouvez me dire le prix de** ce stylo noir ?
La vendeuse : Bien sûr, il fait 32 €.
Le client : Et ce stylo bleu, là ?
La vendeuse : Tous **ces stylos sont à** 47 €.
Le client : Alors, je vais prendre le bleu.
La vendeuse : C'est pour offrir ?
Le client : Oui, s'il vous plaît.

Grammaire

L'utilisation de l'infinitif

■ **Si le premier verbe est conjugué, le deuxième est à l'infinitif**
Je voudrais **voir**. Je peux vous **renseigner** ?
Vous voulez **mettre** combien ?
Vous pouvez me **dire**... ? Je vais **prendre**...
Vous pouvez **répéter** ?

■ **« Pour » + infinitif**
C'est pour **offrir**. Pour **faire** un cadeau.
C'est pour **savoir**...

Vocabulaire

- un stylo (à plume) et des cartouches (bleues, noires...), un stylo-bille, un Bic*
- un porte-mine, un crayon
- un crayon de couleur
- une gomme
- du papier à lettres, des enveloppes
- un classeur, un dossier, des chemises...

Manières de dire

- Vous pouvez me dire le prix de... ?
- C'est combien ?
- Ça fait combien ? (au total)
- Les cerises sont à combien ?
- Ce pantalon fait combien ?
- Quel est le prix de... ?

Remarques culturelles et linguistiques. **1.** Le vendeur demande généralement « Vous voulez mettre combien ? ». Il ne dit jamais « Vous voulez dépenser combien ? » – **2.** « C'est pour offrir » = c'est pour faire un cadeau. – **3.** « Je peux vous renseigner ? » = je peux vous donner des informations ?

ACTIVITÉS

1 Vrai ou faux ?

	VRAI	FAUX
1. Le client sait exactement combien il veut dépenser.	☐	☐
2. Le client n'aime pas le stylo à 75 €.	☐	☐
3. Il décide d'acheter un stylo bleu.	☐	☐
4. Le client veut faire un cadeau.	☐	☐

2 Complétez par un verbe utilisé dans le dialogue ci-contre.

1. Vous voulez ____________________ combien ?

2. Je vais ____________________ le classeur rouge.

3. Je peux vous ____________________ ?

4. Je voudrais ____________________ les stylos à plume.

5. Vous pouvez me ____________________ le prix de ce porte-mine ?

3 Choisissez la bonne réponse.

1. Je voudrais du papier à [lettres | plume].

2. L'enfant dessine avec un [stylo | crayon] de couleur.

3. J'efface avec une [gomme | cartouche].

4. Il me faut un porte-[mine | bille].

5. Je mets les documents dans un [papier | dossier].

4 Associez, pour constituer une phrase complète.

1. Vous pouvez me dire

2. Le stylo fait

3. C'est

4. Les enveloppes sont

5. Ça fait

6. Quel est

a. à combien ?

b. combien ?

c. le prix de ce stylo ?

5 Vous demandez le prix des articles suivants. Utilisez une phrase différente pour chaque article.

1. *un porte-mine* ____________________

2. *un stylo à plume* ____________________

3. *des crayons de couleur* ____________________

4. *des chemises* ____________________

5. *du papier à lettres* ____________________

4 Passer une commande

1 Chez le poissonnier

Madame Vignon : Je voudrais commander un plateau de fruits de mer, s'il vous plaît.
Le poissonnier : Oui, madame. **Pour combien de personnes** ?
Mme Vignon : Pour six personnes.
Le poissonnier : Pour quel jour ?
Mme Vignon : Samedi, en fin d'après-midi. C'est pour le dîner.
Le poissonnier : C'est à quel nom ?
Mme Vignon : Vignon, V-I-G-N-O-N.
Le poissonnier : Qu'est-ce que vous préférez ? Un plateau classique à 20 € ou un plateau mélangé à 30 € ?
Mme Vignon : Quelle est la différence ?
Le poissonnier : Dans le plateau classique, vous avez seulement des coquillages : des huîtres, des moules... Dans le plateau mélangé, vous avez aussi des crustacés : des langoustines, du crabe, des crevettes...
Mme Vignon : Un plateau classique me semble très bien.

Grammaire

Utilisation de la préposition « pour »

— C'est pour qui ?
— Pour moi, pour Michel.

— Pour quand ? Pour quel jour ?
— Pour la semaine prochaine, pour jeudi.

— Pour combien de personnes ?
— Pour six personnes.

— Pour combien de temps ?
— Pour quatre jours.

— C'est pour quoi faire ? — C'est pour jouer.
— Vous êtes pour ce projet ? — Non, je suis contre.

Vocabulaire

- **du poisson**
  la sole, la truite, le saumon, le thon, la sardine...
  un filet (de saumon, etc.)
- **des coquillages**
  les huîtres, les moules...
- **des crustacés**
  les crevettes, les langoustines, le crabe, le homard...
- un plateau de fruits de mer
- préparer le poisson = le vider, enlever les arêtes et parfois couper la tête

Manières de dire

- Je voudrais commander...
- Est-ce que je peux commander...
- C'est à quel nom ?
  — Au nom de...
- Pour quel jour ? Quelle heure ?
  Pour combien de personnes ?

ACTIVITÉS

1 Vrai ou faux ?

	VRAI	FAUX
1. Madame Vignon achète du poisson.	☐	☐
2. La commande est pour samedi matin.	☐	☐
3. Madame Vignon choisit le plateau le moins cher.	☐	☐

2 Trouvez la question.

1. ____? — Pour deux personnes.

2. ____? — Pour la semaine prochaine.

3. ____? — Pour dimanche.

4. ____? — Pour Marie-José.

5. ____? — Pour ouvrir les huîtres.

6. ____? — Pour trois semaines.

3 Associez.

1. un poisson

2. des coquillages

3. des crustacés

a. des moules

b. une sole

c. du crabe

d. une truite

e. du thon

f. des huîtres

g. des crevettes

h. du saumon

4 Complétez le dialogue.

1. — Bonjour, je voudrais ____________________ un gâteau au chocolat, s'il vous plaît.

2. — Oui, madame, ____?

3. — Pour dix personnes.

4. — ____?

5. — Pour vendredi soir.

6. — ____?

7. — Au nom de Perrier.

5 Vous voulez commander un beau gâteau d'anniversaire (6 personnes, dimanche matin). Imaginez et jouez le dialogue avec le pâtissier.

2 Au café

Le serveur : Monsieur, **vous avez choisi** ?
Thomas : Oui, **je vais prendre** un menu à 12 € avec une soupe à l'oignon en entrée et une entrecôte au roquefort.
Le serveur : Votre entrecôte, vous la voulez comment ?
Thomas : À point, s'il vous plaît.
Le serveur : Et **comme boisson** ?
Thomas : Un demi, s'il vous plaît, et une carafe d'eau.
(*Plus tard.*)
Le serveur : Ça a été ?
Thomas : Oui, très bien.
Le serveur : Vous prenez un dessert ? Une tarte ? Une glace ?
Thomas : Qu'est-ce que vous avez comme glaces ?
Le serveur : Vanille, fraise, café, chocolat, praliné...
Thomas : Alors, vanille-chocolat, s'il vous plaît.
Le serveur : Un café ?
Thomas : Oui, un café, et l'addition.

Grammaire

avoir
j'ai, tu as, il/elle a,
nous avons, vous avez, ils/elles ont
prendre
je prends, tu prends, il/elle prend,
nous prenons, vous prenez,
ils/elles prennent
aller
je vais, tu vas, il/elle va,
nous allons, vous allez, ils/elles vont

Vocabulaire

- **les boissons**
  un demi (bière), une limonade,
  une demi-Bordeaux, une carafe d'eau,
  un jus de fruit, un café, un déca (décaféiné),
  un café-crème...
- **les plats**
  un croque-monsieur,
  une omelette au jambon, au fromage...,
  une assiette de crudités, une entrecôte...
- la carte, le menu, la carte des vins
- une entrée, un plat du jour, un dessert

Manières de dire

• Vous avez choisi ?	— Oui, je vais prendre... Oui, je voudrais...
• Et comme boisson ?	— Une carafe d'eau, s'il vous plaît.
• Ça a été ?	— Oui, c'était très bon.
• Vous prenez une entrée ?	— Oui, qu'est-ce que vous avez comme entrées ?

Remarque linguistique et gastronomique. À la question « Comment vous voulez votre viande ? », les Français font deux réponses : « saignant » ou « à point ». Il est très rare de manger de la viande rouge « bien cuite ».

ACTIVITÉS

1 Vrai ou faux ?

	VRAI	FAUX
1. Thomas ne prend pas d'entrée.	☐	☐
2. Il prend un morceau de bœuf.	☐	☐
3. Il ne prend pas de vin.	☐	☐
4. Il boit de l'eau minérale.	☐	☐

2 Complétez au présent.

1. Qu'est-ce que vous ________________ comme tartes ? *(avoir)*

2. Nous ________________ un dessert. *(prendre)*

3. Je ________________ prendre du vin. *(aller)*

4. Vous ________________ une entrée ? *(prendre)*

5. Nous ________________ des glaces, des sorbets, des tartes… *(avoir)*

6. Vous ________________ au restaurant ? *(aller)*

3 Choisissez la bonne réponse.

1. Stéphane boit de la bière, un | demi | déca |.

2. Louise prend une assiette de | vins | crudités |.

3. Raphaël prend | un menu | une carte | à 10 €.

4. Je prends le | plat | dessert | du jour, le saumon aux herbes.

5. Félix mange son steak à | point | cuit |.

4 Qui parle ? Le serveur (a) ou le client (b) ?

	a	b
1. « Ça a été ? »	☐	☐
2. « Non merci. L'addition, simplement. »	☐	☐
3. « Vous avez choisi ? »	☐	☐
4. « Et comme boisson ? »	☐	☐
5. « Oui, je vais prendre un steak au poivre. »	☐	☐
6. « Vous prenez un café ? »	☐	☐
7. « Oui, très bien. »	☐	☐
8. « Une carafe d'eau. »	☐	☐

5 Remettez dans l'ordre les phrases de l'activité n° 4.

a. ________ **b.** ________ **c.** ________ **d.** ________ **e.** ________ **f.** ________ **g.** ________ **h.** ________

5 Faire une réservation

1 À l'hôtel

Le réceptionniste : Hôtel du Moulin, bonjour !
Le client : Bonjour, monsieur, **est-ce que vous avez une chambre libre** pour demain soir, s'il vous plaît ? Une chambre pour deux personnes.
Le réceptionniste : Vous préférez une chambre avec un grand lit ou deux petits lits ?
Le client : Avec un grand lit, s'il vous plaît.
Le réceptionniste : Alors, nous avons une chambre avec salle de bains et W.-C. à 62 €.
Le client : Le petit-déjeuner est compris ?
Le réceptionniste : Non, monsieur, le petit-déjeuner est à 8 € par personne.
Le client : Très bien. **Je prends la chambre.**
Le réceptionniste : C'est à quel nom ?
Le client : Au nom de Mercier. M-E-R-C-I-E-R.
Le réceptionniste : Vous pouvez m'envoyer un fax ou un courriel de confirmation, s'il vous plaît ?
Le client : Bien sûr, je le fais tout de suite.

Grammaire

Adjectif qualificatif

un petit lit	*(masculin singulier)*
→ deux petit**s** lits	*(masculin pluriel)*
une grand**e** chambre	*(féminin singulier)*
→ deux grand**es** chambres	*(féminin pluriel)*
un beau vase	
→ une belle voiture	*(féminin irrégulier)*
un nouveau gouvernement	
→ une nouvelle idée	
de beau**x** vases	
→ de belle**s** voitures	*(pluriel)*

Vocabulaire

- un hôtel 3 étoiles
- une chambre simple ≠ double
- une chambre à deux lits, avec un grand lit, avec salle de bains, douche, W.-C. séparés… avec vue sur la mer, la montagne…
- un fax, un courriel de confirmation
- le petit-déjeuner est compris
- il y a de la place dans l'hôtel ≠ l'hôtel est complet

Manières de dire

- Est-ce que vous avez une chambre libre ?
  — Non, je suis désolé, l'hôtel est complet.
- Je voudrais réserver…
  — C'est à quel nom ?
- Je vais prendre la chambre.
  — Au nom de…

ACTIVITÉS

1 Vrai ou faux ?

	VRAI	FAUX
1. Le client voudrait une chambre pour deux jours.	☐	☐
2. Il voudrait une chambre double avec un grand lit.	☐	☐
3. Le prix du petit-déjeuner n'est pas inclus.	☐	☐
4. Le client doit confirmer la réservation par écrit.	☐	☐

2 Complétez par l'adjectif, à la forme correcte.

1. un ________________ hôtel *(grand)*
2. une ________________ femme *(joli)*
3. des lits ________________ *(séparé)*
4. des ________________ restaurants *(bon)*
5. une ________________ chambre *(beau)*
6. des personnes ________________ *(nouveau)*

3 Répondez.

1. — C'est une chambre double ? — Non, c'est une chambre ________________.
2. — C'est un bon hôtel ? — Oui, c'est un hôtel trois ________________.
3. — Il y a de la place dans l'hôtel ? — Non, l'hôtel est ________________.
4. — Les W.-C. sont dans la salle de bains ? — Non, ils sont ________________.
5. — C'est une chambre à deux lits ? — Oui, c'est une chambre ________________.

4 Complétez le dialogue.

1. Est-ce que vous avez une ________________ libre, pour 5 ________________ du 10 au 15 mars, s'il vous plaît ?
2. — Oui, monsieur. Vous voulez une ________________ simple ou ________________ ?
3. — ________________, s'il vous plaît, avec salle de bains et toilettes.
4. — Très bien. J'ai une ________________ avec un grand lit à 55 €.
5. — Est-ce que le ________________-________________ est inclus ?

5 Vous devez faire les réservations suivantes. Imaginez et jouez les deux dialogues.

1. une chambre (2 personnes)
   salle de bains et W.-C.
   3 nuits
   prix ?
   petit-déjeuner ?
   confirmation

2. 2 chambres (1 personne)
   salle de bains et W.-C.
   2 nuits
   prix ?
   petit-déjeuner ?
   confirmation

2 À la gare

Le client : Bonjour, **je voudrais réserver des billets de train**, s'il vous plaît.

L'employée : Oui, monsieur. Pour quelle destination ?

Le client : Eh bien, **il me faudrait un aller-retour** Paris-Lille, **avec un départ** le mercredi 15 au matin et **un retour** le vendredi 17 au soir. **Je ne connais pas les horaires.**

L'employée : Alors, vous avez un TGV toutes les demi-heures, entre 6 heures et 9 heures au départ de Paris.

Le client : Départ vers 8 heures, c'est parfait.

L'employée : 7 h 58, donc. Arrivée, 9 h 02. Et pour le retour, vous avez un TGV toutes les heures à partir de 15 heures.

Le client : 18 heures, dans ce cas.

L'employée : Bien. 18 heures, arrivée à Paris à 19 h 04. **Première ou seconde** ?

Le client : Seconde.

L'employée : Fumeurs ou non-fumeurs ?

Le client : Non-fumeurs.

L'employée : Vous avez une réduction ?

Le client : Non, je ne crois pas.

L'employée : Alors, cela fait 92 €.

Grammaire

Adjectif interrogatif « quel »

Quel jour ?	*(masculin singulier)*
Dans **quels** trains ?	*(masculin pluriel)*
Pour **quelle** destination ?	*(féminin singulier)*
Avec **quelles** personnes ?	*(féminin pluriel)*

Vocabulaire

- le TGV (train à grande vitesse)
- On attend le train sur le quai.
- On doit composter le billet.
- le départ ≠ l'arrivée
- les horaires de train
- un aller simple (A → B)
- un aller-retour (A → B → A)
- une réduction (–20 %)
- en première (classe), en seconde (classe)
- fumeurs ≠ non-fumeurs

Manières de dire

- Je voudrais réserver…
- Quels sont les horaires ?
- Il me faudrait…
- Je ne connais pas les horaires.

ACTIVITÉS

1 Vrai ou faux ?

	VRAI	FAUX
1. Le client va à Lille pour une journée.	☐	☐
2. Il n'y a pas de train le matin.	☐	☐
3. Le client ne voyage pas en première.	☐	☐

2 Demandez une précision en utilisant « quel », « quelle », « quels » ou « quelles ».

1. Je prends le train. — ________________ train ?
2. Tu prends les billets ? — ________________ billets ?
3. Je pars demain soir. — À ________________ heure ?
4. Il rentre bientôt. — ________________ jour ?
5. Je pars avec des amies. — ________________ amies ?
6. Nous allons à la gare. — ________________ gare ?
7. Le train est entré en gare. — Sur ________________ quai ?
8. Je voudrais du fromage. — ________________ fromage ?
9. Il parle avec les clients. — ________________ clients ?
10. Elle achète des croissants dans une boulangerie. — Dans ________________ boulangerie ?

3 Complétez.

1. Pour ses voyages en train, le vieux monsieur a une ________________ de 25 %.
2. Le train part à 14 h 02. Le ________________ est à 14 h 02.
3. Le TGV arrive à 19 h 24. L'________________ est à 19 h 24.
4. Avant de monter dans le train, on doit ________________ le billet qu'on a acheté.
5. On attend le train sur le ________________.
6. Le billet en ________________ classe est moins cher qu'en ________________.
7. François n'aime pas la cigarette, il prend un billet de train ________-________________.

4 Vous devez faire les réservations suivantes. Imaginez et jouez les deux dialogues.

1. 2 allers-retours
   Lyon-Dijon
   départ vers 7 heures
   retour un jour après vers 21 heures
   2e classe
   non-fumeurs

2. 1 aller-retour
   Paris- Bruxelles
   départ vers 6 heures
   retour le même jour vers 19 heures
   1re classe
   non-fumeurs

6 Faire des achats

1 Dans une boutique de vêtements

La vendeuse : Bonjour, madame, je peux vous aider ?
Patricia : **Non merci, je regarde.** (*Un peu plus tard.*) **Est-ce que je peux essayer** cette jupe, s'il vous plaît ?
La vendeuse : Oui, madame, les cabines sont au fond. (*Quelques minutes après.*) Alors, ça va ?
Patricia : Non, pas vraiment, **c'est trop court**.
La vendeuse : Vous voulez essayer une taille au-dessus ?
Patricia : Oui, peut-être. Normalement, **je fais du 38**, mais apparemment ce n'est pas assez grand.
La vendeuse : Je vous apporte un 40. (*Quelques minutes plus tard.*) Alors, c'est mieux ?
Patricia : Oui, **je pense que ça va**.
La vendeuse : Oui, ça va bien, c'est assez long comme ça. **La couleur vous va très bien**. Est-ce que vous voulez essayer un haut **pour aller avec** ?
Patricia : Euh… non merci, ça suffit pour aujourd'hui !

Grammaire

« Trop », « assez »

- **« Trop » + adjectif**
  trop petit, trop grand, trop cher
- **« Trop de » + nom**
  trop de travail, trop de voitures
- **« Assez » + adjectif**
  assez petit, assez grand, assez joli
- **« Assez de » + nom**
  assez de travail, assez de papiers

Vocabulaire

- **les vêtements**
  une jupe, un pantalon, une chemise, un « haut », une robe, une veste, un manteau, un pull, un costume *(pour hommes)*, un ensemble *(pour femmes)*
- **la boutique**
  une boutique de vêtements, une vendeuse, un vendeur, une cabine d'essayage
- essayer un vêtement

Manières de dire

- Ça va ? — Oui, je pense que ça va.
- Cette couleur vous va bien. — Non, ça ne me va pas !
- Je cherche une chemise pour aller avec ce pantalon.
- Quelle taille faites-vous ? — Je fais du 38.

Remarque de vocabulaire. « Assez » a deux significations principales : « la maison est assez grande pour nous » (= suffisamment) ; « la maison est assez jolie » (= elle n'est pas très jolie).

ACTIVITÉS

1 Vrai ou faux ?

	VRAI	FAUX
1. Patricia veut essayer un ensemble.	☐	☐
2. La première jupe est trop petite.	☐	☐
3. La vendeuse ne trouve pas la jupe en taille 40.	☐	☐
4. Patricia achète seulement une jupe.	☐	☐

2 Complétez par « assez (de) » ou « trop (de) ».

1. Tu as du travail ? — Oh oui, j'ai vraiment ____________ travail, c'est fatigant !
2. Le pantalon te va ? — Non, il est ____________ petit.
3. La veste vous va ? — Oui, elle est ____________ longue.
4. Tu vas acheter des vêtements à ta fille ? — Non, elle a ____________ vêtements pour la saison.
5. Il va acheter ce costume ? — Non, c'est vraiment ____________ cher.

3 Choisissez la bonne réponse.

1. Barbara achète un [pantalon | costume].
2. Je voudrais un haut pour [faire | aller] avec ce pantalon.
3. Où sont les [cabines | cabinets] d'essayage ?
4. Quelle taille [avez | faites]-vous ?
5. Il fait froid, Agathe met son [manteau | vêtement].

4 Complétez les légendes.

1. __________

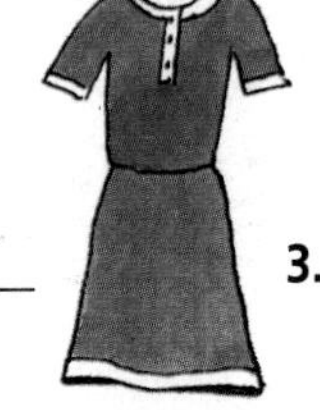

3. __________

5. __________

7. __________

2. __________

4. __________

6. __________

8. __________

5 Vous êtes dans une boutique de vêtements. Vous voulez essayer un pantalon. La vendeuse vous demande votre taille. Vous répondez et vous essayez. C'est trop grand. Vous demandez la taille au-dessous. La taille va bien. Imaginez et jouez le dialogue.

2 Dans un magasin de chaussures

La cliente : Est-ce que je peux essayer les sandales qui sont dans la vitrine ?
La vendeuse : Oui, madame, **quelle pointure faites-vous** ?
La cliente : Je fais du 38.
La vendeuse : Voilà. *(Quelques minutes plus tard.)* Alors, ça va ?
La cliente : Non, c'est trop petit. **Est-ce que vous avez le même modèle en** 39 ?
La vendeuse : Non, désolée, mais j'ai un autre modèle **dans le même style**. Vous voulez l'essayer ?
La cliente : Oui, pourquoi pas ? *(Quelques minutes plus tard.)*
La vendeuse : Alors, ça vous plaît ?
La cliente : Non, pas vraiment. **Je vous remercie, je vais réfléchir**...

Grammaire

« Dans, sur »

■ **Utilisation de la préposition « dans »**
dans la boutique, dans le sac...
dans la vitrine
dans ma taille, dans ma pointure
dans le même style
dans la rue

■ **Utilisation de « sur »**
sur la table, sur la chaise
sur la route, sur l'autoroute
sur le plan, sur la photo

Vocabulaire

- un magasin de chaussures
- une paire de chaussures...
  à talons hauts ≠ à talons plats
- des sandales
- des bottes
- des mocassins
- des chaussures de sport :
  des tennis, des baskets
- un modèle
- la pointure

Manières de dire

- Est-ce que je peux essayer... ?
- Je voudrais essayer...
- Est-ce que vous avez ce modèle en... ?
- Quelle pointure faites-vous ? — Je fais du...
- Est-ce que ce modèle existe dans ma pointure ?
- Est-ce que vous avez un autre modèle dans le même style ?

Remarque de vocabulaire. L'expression « Je vais réfléchir. » signifie poliment qu'on ne veut pas acheter maintenant.

ACTIVITÉS

1 Vrai ou faux ?

	VRAI	FAUX
1. La cliente voudrait essayer des chaussures d'été.	☐	☐
2. La première paire ne va pas.	☐	☐
3. La cliente achète une paire de sandales.	☐	☐

2 Complétez par « dans » ou « sur ».

1. Les chaussures sont __________ la vitrine.
2. Il a posé le livre __________ la table.
3. Est-ce que vous avez ce modèle __________ ma pointure ?
4. J'ai mis un manteau __________ ma veste, parce qu'il fait froid.
5. J'ai trouvé ce pull __________ une petite boutique à côté de chez moi.
6. Il a mis les stylos __________ son sac.
7. Est-ce que vous avez des sandales __________ le même style ?
8. Elle aime bien les chaussures qui sont __________ la photo.
9. Nous sommes __________ l'autoroute A4.
10. Le restaurant est __________ la rue Mermoz.

3 Complétez par le nom approprié.

1. Guillaume va courir, il met des ______________.
2. À la plage, Valérie porte des ______________.
3. Il pleut, il fait froid, Colette met des ______________.
4. Comme Claire est très grande, elle porte des chaussures à ______________ plats.
5. Renaud porte des ______________ quand il est au travail.
6. Marion achète une ______________ de chaussures.

4 Complétez le dialogue.

1. Est-ce que je peux ______________ les chaussures marron qui sont dans la ______________ ?
2. — Oui, monsieur. Quelle ______________ faites-vous ?
3. — Je ______________ du 41.
4. — Désolé, je n'ai pas ce ______________ dans votre pointure, mais j'ai un autre ______________ dans le même ______________. Vous voulez l'______________ ?

5 Vous voulez essayer des chaussures. Le vendeur vous demande votre pointure. Vous la donnez. Vous essayez les chaussures, mais vous ne les achetez pas. Imaginez et jouez le dialogue.

7 Hésiter

Chez le fleuriste

La fleuriste : Bonjour, monsieur, je peux vous aider ?

Louis : Oui, je voudrais un bouquet, mais **je ne sais pas trop quoi choisir...**

La fleuriste : Vous voulez mettre combien, à peu près ?

Louis : Je ne sais pas. Peut-être 15, 20 €...

La fleuriste : Regardez, on peut faire un bouquet rouge et blanc, c'est très joli. Ou alors, vous pouvez aussi choisir un bouquet tout rouge.

Louis : J'hésite un peu... Qu'est-ce que vous me conseillez ?

La fleuriste : Ça dépend de la personne. C'est pour offrir ?

Louis : Oui, c'est pour ma grand-mère !

La fleuriste : Alors, je vous conseille un bouquet de roses rouges.

Louis : Vous croyez ?

La fleuriste : Oui, vous allez voir, votre grand-mère va être très contente !

Louis : D'accord.

Grammaire

savoir
je sais, tu sais, il sait,
nous savons, vous savez, ils savent
croire
je crois, tu crois, il croit,
nous croyons, vous croyez, ils croient
vouloir
je veux, tu veux, il veut,
nous voulons, vous voulez, ils veulent

Vocabulaire

- aller chez le/la fleuriste
- faire un bouquet de fleurs
- un bouquet... pour offrir, pour moi, pour un mariage, pour un anniversaire...
- une gerbe : pour un décès (= la mort de quelqu'un)
- **quelques fleurs**
  les roses, les tulipes, les lis, les marguerites, les orchidées, les iris...
- une plante à fleurs : le géranium, le camélia...
- une plante verte
- arroser les plantes avec un arrosoir

Manières de dire

- Je ne sais pas...
- Je ne sais pas trop...
- Je ne suis pas sûr(e)...
- Peut-être...
- J'hésite un peu...
- Vous croyez ?

ACTIVITÉS

1 Vrai ou faux ?

	VRAI	FAUX
1. Louis ne sait pas exactement combien il veut dépenser.	☐	☐
2. La fleuriste propose un seul bouquet.	☐	☐
3. Louis veut donner les fleurs en cadeau.	☐	☐
4. Il achète des roses.	☐	☐

2 Complétez par « savoir », « croire » ou « vouloir » au présent.

1. Je ne ______________ pas quoi choisir.
2. Bénédicte va adorer ce bouquet. — Tu ______________ ?
3. Tu ______________ acheter des fleurs pour tes amis ?
4. Vous ______________ faire les bouquets ? — Non, je ne ______________ pas.
5. Vous ______________ que je peux mélanger les roses et les tulipes ?
6. — Oui, je ______________ que ça va être joli.
7. Elle ne ______________ pas aller chez le fleuriste aujourd'hui.
8. Il ne ______________ pas combien il veut mettre, pour cette gerbe.

3 Complétez les mots croisés suivants.

Horizontalement :

1. C'est une très belle plante à fleurs (rouges, blanches…).
2. C'est un ensemble de fleurs.
3. C'est une belle fleur blanche, typique pour un mariage.
4. C'est une fleur de campagne.

Verticalement :

a. C'est une plante à fleurs, très fréquente sur les balcons, en France.

b. C'est un bouquet que l'on offre au moment de la mort de quelqu'un.

c. C'est la fleur la plus courante aux Pays-Bas.

d. C'est la fleur la plus romantique, surtout quand elle est rouge.

4 Vous voulez acheter un bouquet pour l'anniversaire d'un(e) ami(e). Vous hésitez. Le fleuriste vous propose quelques bouquets. Vous demandez conseil. Finalement, c'est le fleuriste qui choisit, et vous acceptez son choix. Imaginez et jouez le dialogue.

Renseigner, se renseigner

8 Prendre rendez-vous

1 Chez le dentiste

La secrétaire : Cabinet dentaire, bonjour.

Monsieur Collet : Bonjour, madame, **je voudrais prendre rendez-vous avec** le docteur Fournier, s'il vous plaît.

La secrétaire : Oui, monsieur, **quand voulez-vous venir** ?

M. Collet : Le plus tôt possible.

La secrétaire : Alors… aujourd'hui, à 15 h 45, **cela vous convient** ?

M. Collet : Ce n'est pas possible un peu plus tard ?

La secrétaire : Pas aujourd'hui, **c'est complet**. Sinon, lundi, à 18 h 30.

M. Collet : Oui, c'est mieux lundi soir.

La secrétaire : Vous êtes monsieur ?

M. Collet : Collet, C-O-L-L-E-T.

La secrétaire : Vous avez un dossier chez nous ?

M. Collet : Non, **c'est la première fois que je viens**.

Grammaire

Le superlatif

■ **Avec un adverbe**
le plus tôt possible, **le** plus vite possible

■ **Avec un adjectif masculin**
C'est le livre **le** plus intéressant.
Il est **le** moins connu.
Ce sont **les** moins grands.

■ **Avec un adjectif féminin**
C'est la pièce **la** moins grande.
les moins grandes, **les** plus intéressantes

Vocabulaire

- Le dentiste soigne les dents du patient.
- Il arrache une dent.
- Il met/pose une couronne.
- Le patient a mal aux dents, à une dent.
- Il a une carie.
- On se brosse/lave les dents avec une brosse et du dentifrice.

Manières de dire

- Je voudrais prendre rendez-vous avec…
- Vous avez un dossier ?
- Mardi, ça vous convient ?
- Le plus tôt possible, s'il vous plaît.
  — Oui, je suis un patient du Docteur Blanche.
  — Non, c'est la première fois que je viens.
  — Oui, ça me convient./Oui, c'est très bien.
  — Non, ça ne me convient pas.
  — Non, mardi, ce n'est pas possible.

ACTIVITÉS

1 Vrai ou faux ?

	VRAI	FAUX
1. M. Collet a la grippe.	☐	☐
2. Le rendez-vous est urgent.	☐	☐
3. Le docteur n'est pas libre ce soir.	☐	☐
4. M. Collet est un patient du docteur Fournier.	☐	☐

2 Complétez par « le/la/les plus » ou « le/la/les moins ».

1. J'arrive ________________ tôt possible.

2. Tu es ________________ belle !

3. J'ai trouvé un billet d'avion vraiment pas cher. En fait, c'était ________________ cher possible.

4. Quelle chambre est-ce que vous prenez ? ________________ petite est aussi ________________ chère et ________________ grande est bien sûr ________________ chère.

3 Complétez.

1. — Ouïe... J'ai ________________ aux dents !

2. — Alors, tu dois aller chez le ________________.

3. Va te ________________ les dents !

4. J'ai une belle ________________ ______ ________________ neuve, mais je n'ai plus de ________________ !

5. Le dentiste va ________________ la dent malade, puis mettre une ________________.

4 Choisissez la bonne réponse.

1. — Je voudrais [faire | prendre] un rendez-vous, s'il vous plaît.

2. — Oui, quand voulez-vous [venir | arriver] ?

3. — Le plus [avant | tôt] possible !

4. — Demain, à 10 h 30, cela vous [vient | convient] ?

5. — Vous avez un [dossier | patient] chez nous ?

6. — Non, c'est la première fois que je [mets | viens].

5 Vous devez prendre les rendez-vous suivants. Imaginez et jouez les dialogues.

1. Avec votre médecin habituel – jeudi si possible – pas le matin.

2. Avec un nouveau médecin – pas urgent – le mardi est impossible.

2 Au cabinet médical

La secrétaire : Cabinet du docteur Vignon, bonjour.

Madame Gibert : Bonjour, madame, **je voudrais changer l'heure de mon rendez-vous avec** le docteur Vignon, s'il vous plaît.

La secrétaire : Oui, vous êtes madame ?

Mme Gibert : Gibert. **J'avais rendez-vous** mercredi 12 à 16 h 45, mais **j'ai un empêchement, je ne peux pas venir à cette heure-là.**

La secrétaire : Vous voulez **décommander le rendez-vous** ?

Mme Gibert : Mais non ! Je voudrais juste le **repousser.**

La secrétaire : Pour quand ?

Mme Gibert : Le même jour, si c'est possible, mais plus tard. À partir de 18 heures.

La secrétaire : 19 heures, ça vous convient ?

Mme Gibert : 19 heures, c'est parfait ! Je vous remercie !

Grammaire

L'imparfait

avoir

j'avais, tu avais, il avait,
nous avions, vous aviez, ils avaient

je n'ai pas	je n'avais pas…
il y a	il y avait
il n'y a pas	il n'y avait pas

être

j'étais, tu étais, il était,
nous étions, vous étiez, ils étaient

c'est	c'était
ce n'est pas	ce n'était pas

Vocabulaire

- J'ai un empêchement.
- Même jour, même heure.
- un autre jour
- être à l'heure
- être en retard ≠ être en avance
- changer = modifier
- repousser = reporter = remettre
- annuler = décommander

Manières de dire

- Je voudrais changer l'heure de mon rendez-vous, de ma réservation.
- J'avais un rendez-vous à… j'avais une réservation pour vendredi…
- Je voudrais reporter = repousser = remettre mon rendez-vous…
- Je voudrais décommander = annuler mon rendez-vous…
- J'ai un empêchement, je ne peux pas venir, je suis désolé(e).

ACTIVITÉS

1 Vrai ou faux ?

	VRAI	FAUX
1. Mme Gibert ne peut pas venir mercredi à 16 h 45.	☐	☐
2. Elle voudrait annuler le rendez-vous.	☐	☐
3. Le prochain rendez-vous est mercredi à sept heures du soir.	☐	☐

2 Complétez par le verbe « avoir » ou le verbe « être » à l'imparfait.

1. Je n'______________ pas le temps.
2. C'______________ difficile.
3. Perrine ______________ en retard.
4. Nous n'______________ pas de réservation.
5. Quel jour est-ce que vous ______________ un rendez-vous ?

3 Trouvez une autre manière de dire.

1. Je voudrais *changer* l'heure de mon rendez-vous. ______________
2. Denis doit *reporter* le rendez-vous. ______________
3. Nous devons *annuler* la réunion. ______________
4. J'ai *un problème, je ne peux pas venir.* ______________
5. *Je ne suis pas du tout en avance, au contraire.* ______________

4 Associez, pour constituer une phrase complète.

1. Je voudrais remettre	**a.** venir.
2. Vous aviez	**b.** l'heure de mon rendez-vous.
3. Je suis désolé, j'ai	**c.** mon rendez-vous à plus tard.
4. Je ne peux pas	**d.** rendez-vous à quelle heure ?
5. Je voudrais changer	**e.** un empêchement.

5 Vous devez modifier des rendez-vous. Imaginez et jouez les dialogues.

1. Votre ancien rendez-vous : lundi à 17 heures	→ Vous voulez... vendredi, à 17 heures
2. Votre ancien rendez-vous : jeudi à 9 heures 45	→ Vous voulez... décommander

9 Demander des renseignements

1 Dans une station de métro

Stéphanie : Monsieur, **est-ce que je peux acheter** des tickets ici ?
L'employé : Bien sûr, madame. Vous voulez un carnet ?
Stéphanie : Qu'est-ce que c'est, « un carnet » ?
L'employé : 10 tickets de métro.
Stéphanie : D'accord. Un carnet, alors. Pour aller à l'Opéra-Bastille, **à quelle station est-ce que je dois descendre** ?
L'employé : Eh bien, vous devez descendre à la station « Bastille ».
Stéphanie : C'est direct ?
L'employé : Non, **vous devez changer** à « Palais-Royal ».
Stéphanie : Il n'y a pas de bus direct ?
L'employé : Si, vous avez le 69.
Stéphanie : Est-ce que je peux utiliser ce ticket ?
L'employé : Oui madame, ce sont les mêmes tickets pour le bus et pour le métro.

Grammaire

devoir
je dois, tu dois, il doit,
nous devons, vous devez, ils doivent
Où est-ce que je dois descendre ?
Qu'est-ce que je dois faire ?
pouvoir
je peux, tu peux, il peut,
nous pouvons, vous pouvez, ils peuvent
Où est-ce que je peux acheter des tickets ?
Est-ce que vous pouvez m'expliquer ?

Vocabulaire

- prendre le bus, le métro, le tramway…
- prendre le 21, le 8, la ligne 6 (métro)
- un carnet (= 10 tickets)
- une station de métro
- un arrêt de bus
- composter un ticket, un billet
- changer de bus, de métro, de train…
- changer à « Concorde »

Manières de dire

- Qu'est-ce que c'est ?
- Il y a un bus ? Un métro ?
- C'est direct ?
- Est-ce que je peux… ?
- À quelle station est-ce que je dois descendre ?
- Est-ce que je dois changer ?

Remarque grammaticale. « Si ! » signifie « oui » après une question négative.

— Vous aimez la musique ?
— Oui, j'aime la musique.

— Vous **n'**aimez **pas** la musique ?
— **Si**, j'aime la musique !

ACTIVITÉS

1 Vrai ou faux ?

	VRAI	FAUX
1. Stéphanie voudrait acheter dix tickets de métro.	☐	☐
2. Le trajet est direct en métro.	☐	☐
3. Le trajet est direct en bus.	☐	☐
4. Les tickets de métro et de bus sont les mêmes.	☐	☐

2 Complétez par le verbe « devoir » ou le verbe « pouvoir » selon le cas.

1. Est-ce que je ______________ changer, pour aller à « Étoile » ?
2. Où est-ce que nous ______________ acheter des tickets de bus ?
3. Vous ______________ m'expliquer comment ça marche ?
4. Où est-ce que nous ______________ descendre, pour aller au musée d'Orsay ?
5. Est-ce que je ______________ avoir un renseignement, s'il vous plaît ?
6. Vous ______________ changer à la station « Saint-Michel ».

3 Complétez.

1. On prend le métro dans une ________________ _____ ________________.
2. Ce n'est pas direct, vous devez ________________ à « Châtelet ».
3. J'attends le bus à l'________________ _____ ________________.
4. Nous devons acheter dix ________________ de métro, c'est-à-dire un ________________.
5. Je dois ________________ le bus pour aller à mon bureau.
6. Quand on prend le bus, on doit ________________ son billet.

4 Trouvez la question.

1. ____ ? — Non, vous devez changer à « République ».
2. ____ ? — Ce sont 10 tickets de métro.
3. ____ ? — Vous devez descendre à la station « Louvre ».
4. ____ ? — Si, vous avez un bus direct, le 21.
5. ____ ? — Oui, vous pouvez utiliser le même ticket.

5 Vous êtes dans la rue. Vous voulez aller au stade. Vous demandez à une personne s'il y a un bus direct. La réponse est négative. Vous demandez s'il y a un tramway direct. La réponse est positive. Vous demandez où vous devez descendre. La personne vous répond. Imaginez et jouez le dialogue.

2 Dans une association sportive

L'employé : Madame, je peux vous renseigner ?

Françoise : Bonjour, **je voudrais des renseignements** sur votre association sportive, s'il vous plaît. **Est-ce que vous avez une brochure** ?

L'employé : Bien sûr, madame. Voici une brochure avec toutes nos activités.

Françoise : Est-ce que vous avez un site Internet ?

L'employé : Non, pas encore !

Françoise : Est-ce que vous organisez des stages de tennis pendant les vacances ?

L'employé : Oui, il y a des stages d'une semaine pendant les vacances scolaires.

Françoise : Est-ce que je peux inscrire maintenant mes enfants au stage du mois de juillet ?

L'employé : Non, en fait, **les inscriptions ne sont pas encore ouvertes.** Vous pouvez faire l'inscription à partir du 1er juin.

Grammaire

Quelques expressions de temps

maintenant
hier, aujourd'hui, demain
à partir de lundi, du 1er septembre, du mois de mai…
pendant les vacances, l'été
en juillet, au mois de juillet,
le stage du mois de juillet
un stage d'une semaine, de trois jours, d'été…

Vocabulaire

- une inscription
- inscrire quelqu'un…, s'inscrire à un stage, à un cours…
- un dépliant/une brochure
- un renseignement
- une association sportive

Manières de dire

- Je voudrais des renseignements sur…
- Est-ce que je peux avoir des renseignements sur… ?
- Est-ce que vous avez une brochure, un dépliant… ?
- Est-ce qu'il y a… ?
- Est-ce que je peux inscrire… mes enfants à… ?
- Est-ce que je peux m'inscrire (moi-même) à… ?

Remarque de vocabulaire. À l'expression « Je peux vous renseigner ? », on peut répondre « Oui, s'il vous plaît, je voudrais des renseignements sur… » ou, au contraire « Non merci, je regarde, simplement. »

1 Vrai ou faux ?

	VRAI	FAUX
1. L'employé ne donne pas de brochure.	☐	☐
2. Il y a des cours de tennis pendant les vacances scolaires.	☐	☐
3. Françoise est arrivée trop tard pour inscrire ses enfants.	☐	☐

2 Complétez par une expression de temps.

1. ______________________, nous sommes le 15 juin. ______________________, c'était le 14 et ______________________, ce sera le 16 juin.

2. Mes enfants vont suivre un stage de ski ______________________ les vacances de Noël.

3. Je fais un stage de yoga ______________________ trois jours.

4. Les inscriptions sont ouvertes _____ ______________________ du 3 janvier.

5. Mon ami travaille ______________________ mois d'août, mais il part en vacances ______________________ septembre.

3 Choisissez la bonne réponse.

1. Il lit un | dépliant | renseignement | à propos du club de gym.

2. Je voudrais | écrire | inscrire | mon fils à un cours de judo.

3. Quand commencent les | inscriptions | renseignements | ?

4. Est-ce qu'il y a des | stages | brochures | pendant les vacances ?

5. Il y a deux | inscriptions | associations | sportives dans ma ville.

4 Qui parle ? L'employé qui donne des renseignements (a) ou un client (b) ?

	a	b
1. « Est-ce que je peux m'inscrire ? »	☐	☐
2. « Je peux vous renseigner ? »	☐	☐
3. « Voici une brochure. »	☐	☐
4. « Est-ce que je peux avoir des renseignements ? »	☐	☐
5. « Est-ce que vous avez un site Internet ? »	☐	☐
6. « Les inscriptions ne sont pas ouvertes. »	☐	☐
7. « Est-ce que vous avez une brochure ? »	☐	☐

5 Vous demandez des renseignements sur les sujets suivants. Imaginez et jouez les dialogues.

1. Cours de théâtre pour des adultes.

2. Stage de ski pour une semaine.

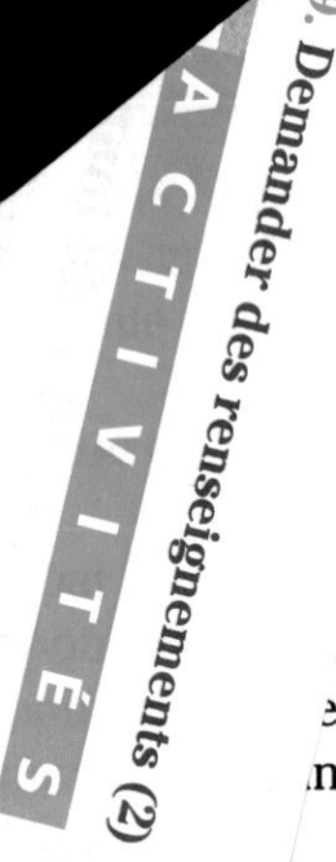

…emain.
…ville ?
…ence

… Par où est-ce

…s avenues
…rt est place
…e est devant
…n feu d'artifice,

… est-ce que le feu d'a…

Renaud : Quand … …be, vers 23 heures.

Mme Collet : D'où est-ce qu'on le voit le mieux ?

Renaud : Je vous conseille d'aller devant le château, je pense que vous aurez une bonne vue.

Mme Collet : Il n'y a pas de bal ?

Renaud : Mais si, bien sûr, il y a un grand bal sur la place de la Mairie.

Grammaire

La question complexe

■ Avec « est-ce que/qui »

Par où est-ce qu'on doit passer ?
À quelle heure est-ce que ça commence ?
D'où est-ce que vous venez ?
À partir de quel âge est-ce qu'on peut participer ?
Avec qui est-ce que tu vas au bal ?
Qu'est-ce qui se passe ?

■ Sous une forme familière

Le défilé part d'où ?
Ça finit à quelle heure ?
C'est ouvert jusqu'à quelle heure ?

Vocabulaire

- le 14 juillet
- le défilé militaire
- les drapeaux
- voir le feu d'artifice
- le bal
- s'amuser
- aller danser

Manières de dire

- Qu'est-ce qui se passe ?
- À quelle heure est-ce que ça commence ?
- Par où est-ce qu'il passe ?
- D'où est-ce qu'on le voit le mieux ?
- Il n'y a pas de... ?

ACTIVITÉS

1 **Vrai ou faux ?**

	VRAI	FAUX
1. La conversation se passe le 14 juillet.	☐	☐
2. Le défilé commence quand la nuit tombe.	☐	☐
3. On voit bien le feu d'artifice devant le château.	☐	☐

2 **Transformez les questions sous une forme familière.**

1. À quelle heure est-ce que le bal commence ? ____________________

2. Par où est-ce qu'on doit passer ? ____________________

3. Jusqu'à quelle heure est-ce que le musée est ouvert ? ____________________

4. D'où est-ce que vous venez ? ____________________

5. Dans quelle région est-ce que tu habites ? ____________________

6. À partir de quel âge est-ce qu'on doit aller à l'école ? ____________________

3 **Trouvez la question. (Utilisez les deux structures possibles, normale et familière).**

1. ____________________ ? — Ça finit à 22 heures.

2. ____________________ ? — Elle vient de Biarritz.

3. ____________________ ? — Tu dois passer par la rue Molière.

4. ____________________ ? — Le musée est ouvert jusqu'à 18 heures.

5. ____________________ ? — Nous partons avec des amis.

4 **Complétez les légendes.**

5 **Vous demandez des renseignements à propos du carnaval : défilé (heure, point de départ, point d'arrivée) ? bonne situation pour le voir ? bal (heure, lieu) ? Préparez les questions que vous voulez poser.**

10 Exprimer une obligation

Dans une administration

Nicolas : Bonjour, madame, je voudrais un renseignement, s'il vous plaît. **Qu'est-ce que je dois faire pour obtenir** un visa pour le Canada ?
L'employée : Vous devez aller à l'ambassade du Canada avec les papiers nécessaires.
Nicolas : Et **quels papiers est-ce que je dois apporter** ?
L'employée : Je ne sais pas, vous devez téléphoner à l'ambassade.
Nicolas : Est-ce qu'**il faut un visa pour** aller du Canada aux États-Unis ?
L'employée : Je ne crois pas, mais vous devez demander à l'ambassade.

Grammaire

aller	à Paris, à Naples	*(à + ville)*
arriver	à l'ambassade	*(à l' + voyelle ou « h »)*
dîner	au restaurant	*(au + nom masculin)*
venir	à la poste	*(à la + nom féminin)*
commencer	à...	*+ infinitif*
arriver	à...	*+ infinitif*
demander	à quelqu'un	→ Je demande à mon ami.
téléphoner	à quelqu'un	→ Il téléphone à sa femme.
parler	à quelqu'un	→ Elle parle à ses voisins.

Vocabulaire

- une ambassade, un consulat
- une administration, un bureau
- un passeport, un visa
- un papier (administratif)
- un document
- faire la queue devant un guichet
- la bureaucratie

Manières de dire

- Le verbe « devoir » + infinitif : obligation personnelle
  Qu'est-ce que **je** dois faire ?
  Vous devez aller à la mairie.
  Tu dois préparer tes valises.
- Il faut + nom : obligation impersonnelle.
  Il faut un visa. Il faut une carte de séjour. *(C'est la même chose pour tout le monde.)*
- Il faut + infinitif
  Il faut bien parler français pour être étudiant à l'université en France.
  Il faut prendre une assurance pour la voiture.
  (C'est la même chose pour tout le monde.)

ACTIVITÉS

1 Vrai ou faux ?

	VRAI	FAUX
1. Nicolas voudrait un nouveau passeport.	☐	☐
2. L'employée travaille à l'ambassade du Canada.	☐	☐
3. Un visa est obligatoire pour aller du Canada aux États-Unis.	☐	☐

2 Complétez par « à » (« à la/à l'/au/aux »).

1. Nous dînons ______________ maison.

2. Il arrive ______________ Lyon.

3. Elle commence ______________ comprendre.

4. Je vais ______________ cinéma.

5. Ils partent ______________ États-Unis.

6. Elle va ______________ aéroport.

7. Nous téléphonons ______________ banque.

8. Tu parles ______________ employés.

3 Vrai ou faux ?

	VRAI	FAUX
1. Un guichet est un document.	☐	☐
2. Un visa est nécessaire pour aller dans certains pays.	☐	☐
3. On peut obtenir un visa dans une ambassade.	☐	☐
4. Un consulat est un bureau.	☐	☐
5. Le passeport est une administration.	☐	☐

4 Complétez par une expression d'obligation.

1. Je ______________ aller au consulat de France pour obtenir mon visa.

2. ______________ un passeport pour aller en Grèce ?

3. Nous ______________ demander un visa.

4. ______________ une assurance pour pouvoir conduire une voiture.

5. ______________ payer ses impôts.

6. Je ______________ apporter tous les documents nécessaires.

7. ______________ aller à l'école à partir de 6 ans.

8. Vous ______________ faire la queue.

5 Vous êtes dans une administration. Vous demandez les papiers nécessaires pour aller au Japon. Préparez des phrases.

____

____

____

11 Autoriser et interdire

Dans une station de ski

Virginie : Avec cette carte, **est-ce que nous pouvons** prendre ces remontées mécaniques ?

L'employé : Oui, bien sûr. **Ce forfait vous permet de** prendre toutes les remontées de la station.

Virginie : Est-ce qu'il y a des risques d'avalanche ?

L'employé : Oui, et **il est strictement interdit de** faire du ski hors-piste. C'est dangereux.

Bastien : Maman, **est-ce que je peux** prendre la piste noire ?

Virginie : Non, mon chéri, **pas question**, elle est trop difficile pour toi. **Tu peux** prendre la rouge, si tu veux, avec nous.

Bastien : Est-ce que c'est* autorisé de faire de la luge sur la piste verte ?

L'employé : Oui, regarde, tu peux faire de la luge sur la piste, là !

Grammaire

« C'est », « il est »

■ **« C'est » + adjectif**

C'est interdit. C'est possible.
Ce n'est pas facile. Ce n'est pas autorisé.

■ **« Il est » + adjectif + infinitif**

Il est interdit de photographier.
Il est important d'avoir un équipement adapté.
C'est* interdit de stationner ici. *(Forme incorrecte, mais très courante !)*

Vocabulaire

- les sports d'hiver
- une station de ski
- faire du ski, du ski de fond, de la luge
- prendre les remontées mécaniques
- la neige est bonne
- un risque d'avalanche, une avalanche
- une piste bleue, rouge, noire...
- faire du ski = skier
- hors-piste (à l'extérieur des pistes)
- un forfait, une carte, un abonnement

Manières de dire

- Est-ce que je peux... ?
- Est-ce que nous pouvons... ?
- Est-ce que c'est* autorisé de... ?
- Est-ce qu'il est autorisé de... ?

— Oui, tu peux... Oui, vous pouvez...
— Oui, cela vous permet de...
— Non, tu ne peux pas. Non, vous ne pouvez pas.
— Non, c'est interdit.
— Non, il est (strictement) interdit de...
— Non, pas question.

ACTIVITÉS

1 Vrai ou faux ?

	VRAI	FAUX
1. La carte autorise le client à prendre toutes les remontées mécaniques.	☐	☐
2. Il n'y a pas de risque d'avalanche aujourd'hui.	☐	☐
3. La piste noire est plus difficile que la rouge.	☐	☐
4. Bastien ne fait pas de ski.	☐	☐

2 Complétez par « c'est » ou « il est ».

1. ________________ difficile !
2. ________________ important.
3. ________________ interdit de prendre cette piste aujourd'hui.
4. ________________ important de comprendre la question.
5. ________________ autorisé.
6. ________________ agréable de faire du ski de fond.
7. ________________ interdit.
8. ________________ possible de prendre un abonnement.

3 Devinette. De quoi parle-t-on ?

1. Ce sont les équipements qui permettent de monter en haut des pistes. → ________________
2. C'est une énorme quantité de neige qui descend le long de la montagne. → ________________
3. C'est l'endroit où l'on peut faire du ski quand on est un excellent skieur. → ________________
4. Cette activité est interdite parce qu'elle peut être dangereuse. → ________________
5. Les enfants aiment beaucoup cet objet qui permet de glisser sur la neige. → ________________
6. C'est le nom des sports tels que luge, ski, ski de fond... → ________________
7. C'est le document nécessaire pour pouvoir prendre les remontées mécaniques. → ________________

4 Répondez en interdisant ou en autorisant, selon le cas. Utilisez une structure différente pour chaque phrase.

1. Maman, est-ce que je peux faire de la luge ? — Oui, ________________
2. Nous pouvons faire du ski hors-piste ? — Non monsieur, ________________
3. Nous pouvons prendre ces remontées mécaniques ? — Oui madame, ________________
4. Papa, je peux faire de la luge sur la piste noire ? — Non, ________________
5. Il est autorisé de prendre cette piste ? — Oui, ________________

12 Vérifier

Dans une station balnéaire

Valérie : Sophie, **tu as pris** ton maillot de bain ?
Sophie : Oui, maman !
Valérie : **Il y a bien** une piscine pour les enfants ?
Bertrand : Oui, regarde, elle est là-bas.
Valérie : **Le club organise bien** des cours de natation, **non** ?
Bertrand : Mais oui, j'ai vu l'annonce dans l'hôtel !
Valérie : **Tu es sûr que** Sophie veut apprendre à nager ?
Sophie : Maman, mais oui ! Je veux apprendre à nager !

Grammaire

Le complément de nom

un cours **de** natation
un professeur **de** mathématiques
des chaussures **de** sport

une cuiller **à** café
un bateau **à** moteur

Vocabulaire

- une station balnéaire
- nager → la natation
- aller à la plage, à la piscine
- un moniteur de natation
- un maillot de bain
- une bouée
- une planche à voile
- les vagues sur la mer

Manières de dire

- L'adverbe « bien » est l'expression-clé pour vérifier :
  Vous êtes **bien** le moniteur de natation ? Vous êtes **bien** Micheline Moreau ?
  Il y a **bien** une piscine ? Paul travaille **bien** ici ?
- Autres structures :
  Vous êtes sûr que... ? Tu es sûr que... ?
- Ou, tout simplement, une question (avec une intonation de vérification) :
  Tu as pris ton maillot ? Vous avez votre téléphone mobile ?

Remarque de vocabulaire. Comme réponse, l'adverbe « bien » signifie une confirmation : « Oui, je suis **bien** le professeur de français. » Voici par exemple le message typique sur un répondeur téléphonique : « Vous êtes **bien** chez François et Mireille... »

ACTIVITÉS

1 Vrai ou faux ?

	VRAI	FAUX
1. Sophie a pris son maillot de bain.	☐	☐
2. On peut apprendre à nager dans ce club.	☐	☐
3. Sophie ne veut pas prendre de cours de natation.	☐	☐

2 Comment appelle-t-on...

1. un moniteur qui apprend à faire du ski ? → ______________________
2. un bateau qui a une voile ? → ______________________
3. un cours qui permet d'apprendre le français ? → ______________________
4. une cuiller qui permet de manger de la soupe ? → ______________________
5. un couteau qui permet de couper le pain ? → ______________________
6. une station où l'on peut faire du ski ? → ______________________
7. un professeur qui enseigne l'histoire ? → ______________________

3 Complétez.

1. Raphaël apprend à nager à ma fille, c'est le ____________ ______ ____________.
2. Il met son ____________ ______ ____________ pour aller nager.
3. Pour être en sécurité dans l'eau, le petit garçon doit mettre une ____________.
4. Chantal habite en ville et adore nager, elle va à la ____________ trois fois par semaine.
5. Elle aime nager, elle fait de la ____________.
6. Quand il y a du vent, il est agréable de faire de la ____________ ______ ____________.
7. En été, nous allons à la ____________, près de Perpignan.

4 Posez une question exprimant la vérification.

1. ______________________________ ? — Oui, il y a bien une piscine.
2. ______________________________ ? — Oui, je suis le moniteur.
3. ______________________________ ? — Oui, maman, j'ai mon maillot !
4. ______________________________ ? — Oui, Étienne travaille ici.
5. ______________________________ ? — Oui, je suis sûr que la piscine est ouverte !

5 Vous êtes dans un club de vacances. Vous vérifiez que certains services existent (club pour les petits, cours de yoga, animation le soir, club de théâtre pour les enfants...). Préparez les questions.

13 Protester

Au camping

Madame Jourdain : Excusez-moi, mais vous annoncez dans votre publicité « camping ombragé ». Où est l'ombre ?

L'employé : Euh, oui, nous avons eu un problème avec les arbres…

Monsieur Vignon : Ce n'est pas normal : vous dites « camping avec vue sur la mer ». On ne voit pas la mer, qui est à 10 minutes en voiture, **c'est scandaleux** !

L'employé : Je vais en parler au directeur…

Mme Moreau : Où est-ce qu'on peut prendre une douche ?

L'employé : Les douches sont là-bas, madame !

Mme Moreau : Vous plaisantez ! La moitié des douches sont fermées, je ne vais pas faire la queue pendant une demi-heure en plein soleil !

L'employé : Je vais demander à un technicien de venir…

Grammaire

Le futur proche

■ **« Aller » + infinitif**

Je vais demander à mon chef.
Nous allons téléphoner à nos amis.
Vous n'allez pas partir.
Il ne va rien comprendre !

Ce temps exprime une intention, un futur relativement certain. Comparez :

— Nous allons partir en vacances. *(c'est décidé)*
— Nous partirons en vacances. *(peut-être, si c'est possible)*

Vocabulaire

- faire du camping
- une tente, une caravane
- planter la tente = monter la tente
- un camping *** (« trois étoiles »)
- dormir dans un sac de couchage

Manières de dire

Dans la protestation, l'intonation est fondamentale.

- Pardon ? !
- Quoi ? !*
- Excusez-moi *(ironique)*, mais…
- Ce n'est pas normal !
- Ce n'est pas possible !
- Vous plaisantez !
- C'est scandaleux !

ACTIVITÉS

1 Vrai ou faux ?

	VRAI	FAUX
1. Le camping est en plein soleil.	☐	☐
2. Le camping donne sur la mer.	☐	☐
3. Aucune douche ne marche.	☐	☐

2 Mettez les phrases au futur proche.

1. J'ai demandé à l'employé. → ____________________
2. Ils ont pris une décision. → ____________________
3. Tu es allé à la plage ? → ____________________
4. Elle est venue avec vous ? → ____________________
5. Nous ne sommes pas partis tôt. → ____________________
6. Vous avez fait du camping ? → ____________________
7. Je n'ai pas vu ce film. → ____________________
8. Il n'a pas fait les courses. → ____________________

3 De quoi parle-t-on ?

1. C'est l'endroit où on peut mettre tentes et caravanes. → ____________________
2. C'est le « lit » dans lequel on dort sous la tente. → ____________________
3. Ce camping est luxueux, il en a quatre. → ____________________
4. On peut la planter ou la monter. → ____________________
5. Ça se place derrière la voiture, et cela permet de faire du camping. → ____________________

4 Trouvez une réponse qui exprime la protestation, en utilisant chaque fois une expression différente.

1. « L'hôtel n'a pas de connexion Internet. » — ____________________
2. « Vous ne pouvez pas monter votre tente ici ! » — ____________________
3. « Le restaurant ne sert pas de vin blanc. » — ____________________
4. « Nous n'avons pas de réservation à votre nom. » — ____________________
5. « Les douches sont en panne. » — ____________________
6. « Le camping est fermé au mois d'août. » — ____________________

5 Vous arrivez dans un hôtel et tout va mal : la chambre n'a pas de « vue sur jardin », la salle de bains n'a pas de baignoire, il n'y a pas de télévision, etc. Vous protestez. Imaginez et jouez le dialogue avec le responsable de l'hôtel.

Renseigner, se renseigner

14 Exprimer des intentions, des projets

1 Louer des vélos

Brice : Bonjour, monsieur. **Nous avons l'intention de louer des vélos**, s'il vous plaît.

L'employé : Oui. **Vous voulez** des vélos classiques ou des VTT ? *(vélos tout-terrain)*

Aude : Des VTT, **c'est pour faire une promenade** dans la forêt.

L'employé : Oui, vous pouvez essayer les VTT qui sont là. **Vous désirez** garder les vélos combien de temps ? Il existe la location à l'heure, à la demi-journée ou à la journée.

Brice : Pour la journée, si c'est possible.

L'employé : Oui, bien sûr. Vous me laissez un chèque de caution de 150 € par vélo. Je vous rends le chèque quand vous revenez. Pour la location, c'est 13 € par vélo pour la journée.

Aude : Est-ce que vous avez des antivols ?

L'employé : Oui, en voilà deux. Bonne promenade !

Grammaire

Pronoms personnels compléments « me », « te », « nous », « vous »

Vous **me** laissez un chèque.
Je **vous** rends la caution.
Elle **t'**explique la situation.
Ils **nous** invitent à dîner.
Tu ne **me** comprends pas !

Vocabulaire

- louer → la location
  à la journée, à l'heure, à la semaine…
- laisser une caution, un chèque de caution
- rendre la caution
- un vélo, un vélo de course
- un VTT *(un vélo tout-terrain)*
- un antivol

Manières de dire

- Vous voulez… + *infinitif ou* + *nom* ?
- Vous désirez… + *infinitif ou* + *nom* ?
- Vous souhaitez… + *infinitif ou* + *nom* ?
- J'ai l'intention de… + *infinitif*
- C'est pour faire… C'est pour aller…
- Tu veux… + *infinitif ou* + *nom* ?
- Nous avons l'intention de… + *infinitif*

Remarque de vocabulaire. Une « caution » est une somme d'argent servant de garantie. On doit laisser une caution quand on loue des vélos, des skis, un bateau… La caution est rendue au client quand il rapporte le matériel.

ACTIVITÉS

1 Vrai ou faux ?

	VRAI	FAUX
1. Brice et Aude voudraient acheter des vélos.	☐	☐
2. Ils vont se promener en ville.	☐	☐
3. Ils voudraient avoir un vélo pour une journée.	☐	☐
4. La caution est de 300 € pour les deux vélos.	☐	☐

2 Répondez, en utilisant le pronom approprié.

1. Tu me comprends ? — Oui, je ______________________________ !
2. Ils vous écoutent ? — Non, ils ______________________________.
3. Elle te voit ? — Oui, elle ______________________________.
4. Tu m'accompagnes ? — Oui, je ______________________________.
5. Vous me laissez un chèque ? — Non, nous ______________________________.
6. Il vous téléphone souvent ? — Non, il ______________________________.

3 Choisissez la bonne réponse.

1. Vous nous rendez la | location | caution | ?
2. Elle a acheté un vélo tout | -terrain | style |.
3. Est-ce que nous pouvons | louer | acheter | des vélos à l'heure ?
4. Il voudrait un vélo de | cours | course |.
5. Il est plus prudent d'utiliser un | antivol | vol |.
6. La | location | journée | de vélo est une bonne solution.

4 Complétez par une expression d'intention.

1. Vous ______________________ louer des skis ?
2. Nous ______________________ l'______________________ de partir dans les Alpes.
3. Tu ______________________ un vélo de course ?
4. ______________________ pour faire des promenades dans la campagne.
5. Vous ______________________ prendre des vélos pour toute la journée ?
6. Vous ______________________ garder le vélo tout le week-end ?

5 Vous voulez louer un petit bateau sur un lac, pour deux heures. On vous demande une caution de 200 €. Imaginez et jouez le dialogue.

2 À la banque

Félix : Bonjour, madame, **je pense ouvrir** un compte d'épargne, s'il vous plaît.

L'employée : Oui, monsieur. Dites-moi, **vous avez des projets** particuliers ?

Félix : Euh… Oui, **un jour, j'achèterai** une maison ou un appartement.

L'employée : Quand est-ce que **vous pensez réaliser** ce projet ?

Félix : Pas tout de suite. Je dois d'abord faire des économies !

L'employée : Sur ce compte d'épargne, quelle somme est-ce que vous pouvez mettre, tous les mois ?

Félix : 80 ou 100 € maximum.

L'employée : D'accord. Mais vous savez, si vous souhaitez changer le montant, il n'y a pas de problème !

Grammaire

Le futur simple

parler	je parler**ai**, tu parler**as**, il parler**a**, nous parler**ons**, vous parler**ez**, ils parler**ont**
aller	j'irai…
être	je serai…
avoir	j'aurai…
pouvoir	je pourrai…
faire	je ferai…
voir	je verrai…
venir	je viendrai…

Vocabulaire

- la banque
- le compte courant
- le compte d'épargne
- le montant = la somme
- le chèque, le chéquier
- la carte bancaire (la « carte bleue »)
- payer en espèces = en liquide
- un prélèvement automatique
- un virement
- alimenter un compte
- faire des économies

Manières de dire

- Vous avez des projets ?
  - J'aimerais… + *infinitif*
  - Je voudrais… + *infinitif*
  - J'ai l'intention de… + *infinitif*
  - Je souhaite… + *infinitif*
  - Je pense… + *infinitif*
  - Peut-être, + *futur simple*
  - Probablement, … + *futur simple*
  - Un jour, … + *futur simple*

ACTIVITÉS

1 Vrai ou faux ?

	VRAI	FAUX
1. Félix voudrait ouvrir un compte courant.	☐	☐
2. Il a suffisamment d'argent pour acheter une maison.	☐	☐
3. Il va mettre de l'argent tous les mois sur un compte d'épargne.	☐	☐

2 Répondez en utilisant le même verbe au futur simple.

1. Tu parles polonais ? — Non, mais un jour, je ______________ une autre langue.
2. Vous allez à la mer ? — Non, mais probablement, nous ______________ cet été.
3. Elle peut venir maintenant ? — Non, mais elle ______________ venir la semaine prochaine.
4. Tu fais du sport ? — Non, mais un jour je ______________ du tennis.
5. Ils voient leurs cousins ? — Non, mais ils ______________ leur oncle bientôt.
6. Il a une voiture ? — Non, mais il ______________ une moto après son bac.

3 Choisissez la bonne réponse.

1. Amandine veut faire des [économies | espèces].
2. On peut payer par [chéquier | chèque].
3. Quel est le [montant | prélèvement] que vous souhaitez mettre sur ce compte ?
4. Il a ouvert un compte d'[épargne | économies] à la banque.
5. Il est important d'alimenter régulièrement [la banque | le compte].
6. J'ai une carte [automatique | bancaire].

4 Voici quelques projets. Faites des phrases pour les présenter, en variant les structures.

1. vivre dans un pays étranger pendant deux ans
2. travailler pour une organisation humanitaire
3. faire une carrière politique
4. trouver l'homme ou la femme de votre vie
5. organiser une fête d'anniversaire pour votre meilleur(e) ami(e)
6. apprendre une autre langue étrangère
7. faire des économies pour faire un grand et long voyage

5 À vous ! Avez-vous des projets ? Lesquels ?

____

____

____

15 Localiser

1 Aux Galeries Lafayette

Marius : Pardon, madame, **je cherche** le rayon papeterie, s'il vous plaît.
Une vendeuse : C'est au fond du magasin, après les parapluies.
Marius : Où est-ce que je peux trouver un rasoir électrique ?
Une vendeuse : Au rayon électro-ménager, monsieur. C'est au deuxième étage, à gauche en sortant de l'escalator.
(Un peu plus tard.)
Marius : Je ne vois pas les rasoirs.
Un vendeur : Ils sont derrière vous, monsieur, en bas du rayon.

Grammaire

Prépositions et adverbes de lieu

devant ≠ derrière
au fond (de)
au premier étage ≠ au dernier étage
à gauche (de) ≠ à droite (de)
tout droit
au milieu (de)
avant ≠ après
en haut (de) ≠ en bas (de)

Vocabulaire

- un grand magasin
- un rayon : l'électro-ménager, la parfumerie, les vêtements…
- un escalator = un escalier mécanique
- un ascenseur
- un article
- la caisse
- le caissier, la caissière
- un vendeur, une vendeuse

Manières de dire

- Je cherche…
- Je ne vois pas…
- Où se trouve… ?
- Où se trouvent… ?
- Où est… ? Où sont… ?
- Où est-ce que je peux trouver… ?

Remarque pratique. Un « grand magasin », comme les Galeries Lafayette, le Printemps, la Samaritaine, le Bazar de l'Hôtel de Ville (BHV) ou le Bon Marché, est situé en ville ; on peut y acheter des vêtements, de la parfumerie, de la papeterie, des meubles… Une « grande surface », comme Carrefour ou Auchan, est située à l'extérieur des villes ; on y trouve des produits alimentaires, du matériel pour le sport, de l'électro-ménager…

ACTIVITÉS

1 Vrai ou faux ?

	VRAI	FAUX
1. Marius se trouve dans un grand magasin.	☐	☐
2. Il voudrait acheter un parapluie.	☐	☐
3. Les rasoirs sont au deuxième étage.	☐	☐

2 Répondez par le contraire.

1. Le rayon parfumerie est avant le rayon vêtements ? — Non, ____________________

2. Les meubles sont en bas du magasin ? — Non, ____________________

3. La parfumerie est à gauche de la place ? — Non, ____________________

4. L'électro-ménager est au premier étage ? — Non, ____________________

5. La cafétéria est devant le magasin ? — Non, ____________________

3 Vrai ou faux ?

	VRAI	FAUX
1. La caisse est une personne.	☐	☐
2. Un escalator n'est pas un ascenseur.	☐	☐
3. On peut acheter plusieurs articles dans un grand magasin.	☐	☐
4. Il y a un seul rayon dans un grand magasin.	☐	☐
5. Un grand magasin se situe généralement en ville.	☐	☐
6. On peut acheter des vêtements dans une grande surface.	☐	☐
7. On peut demander un renseignement à un vendeur.	☐	☐

4 Vous êtes dans un grand magasin. Vous cherchez les articles suivants. Imaginez et jouez un court dialogue pour chacun des articles.

1. un savon et du shampooing

2. des vêtements pour enfants

3. une cafetière électrique

4. des verres et des assiettes

5. du papier à lettres et des enveloppes

6. un sac de couchage

7. un maillot de bain

8. des chaussures de sport

2 À la campagne

Gaspard : Pardon, monsieur, **nous sommes perdus, nous cherchons** le château de Bazoches. **C'est loin d'ici ?**

Le passant : Non, pas du tout. **Vous prenez cette route**, là, devant vous, **vous faites* trois ou quatre kilomètres et vous allez arriver à** un village qui s'appelle Villeneuve.

Margot : Ah oui, je vois sur la carte !

Le passant : Vous passez devant l'église et vous prenez la deuxième rue à droite. **Vous continuez quelques kilomètres** et **vous allez voir un panneau** « Château de Bazoches ».

Gaspard : Ce sera à droite ou à gauche ?

Le passant : Euh, à gauche. Vous devez **tourner à gauche.** C'est un petit chemin qui mène au château.

Margot : Merci beaucoup, monsieur !

Grammaire

Le pronom relatif « qui »

Vous prenez la route **qui va** à Toulouse.
Je connais un monsieur **qui s'appelle** Noël.
Elle a acheté une table **qui sera** livrée demain.
C'est une église **qui a été** construite au XIIe siècle.
J'ai pris le stylo **qui était** sur la table.

Vocabulaire

- un village
- une route de campagne
- un chemin
- la mairie
- une école communale
- une église
- un château
- le cimetière
- une épicerie
- la place du village

Manières de dire

- Je suis perdu(e).
- Nous sommes perdus.
- Je cherche…
- Nous cherchons…

— Vous prenez… Vous continuez… Vous tournez… Vous passez devant…
— Vous faites* 5 kilomètres… Vous allez voir… Vous allez arriver à…

- C'est loin d'ici ?

— Non, c'est tout près. Non, ce n'est pas loin.
— Oui, c'est à dix kilomètres d'ici.

Remarque de vocabulaire. Le « chemin » est une toute petite route dans la campagne, où les voitures passent avec difficulté. « Demander son chemin » = demander des directions.

ACTIVITÉS

1 Vrai ou faux ?

	VRAI	FAUX
1. Le château est tout près.	☐	☐
2. Le château se trouve avant Villeneuve.	☐	☐
3. Une grande route mène au château.	☐	☐

2 Transformez selon l'exemple.

Exemple : Ce chemin mène au château. → ***C'est un chemin qui mène*** *au château.*

1. Cette dame s'appelle Marguerite. → ______________________________

2. Cette maison a été construite au XVIIe siècle. → ______________________________

3. Cette route mène à la mer. → ______________________________

4. Ce château reçoit beaucoup de touristes. → ______________________________

5. Cet homme fait beaucoup de choses. → ______________________________

6. Cette école va ouvrir le mois prochain. → ______________________________

3 Associez, pour constituer une phrase complète.

1. Vous tournez	**a.** la mairie.
2. Ce n'est pas	**b.** perdu ?
3. Vous continuez	**c.** à un petit village.
4. Vous faites	**d.** à gauche.
5. Vous arrivez	**e.** dix kilomètres.
6. Vous êtes	**f.** loin.
7. Vous passez devant	**g.** tout droit.

4 Expliquez l'itinéraire suivant.

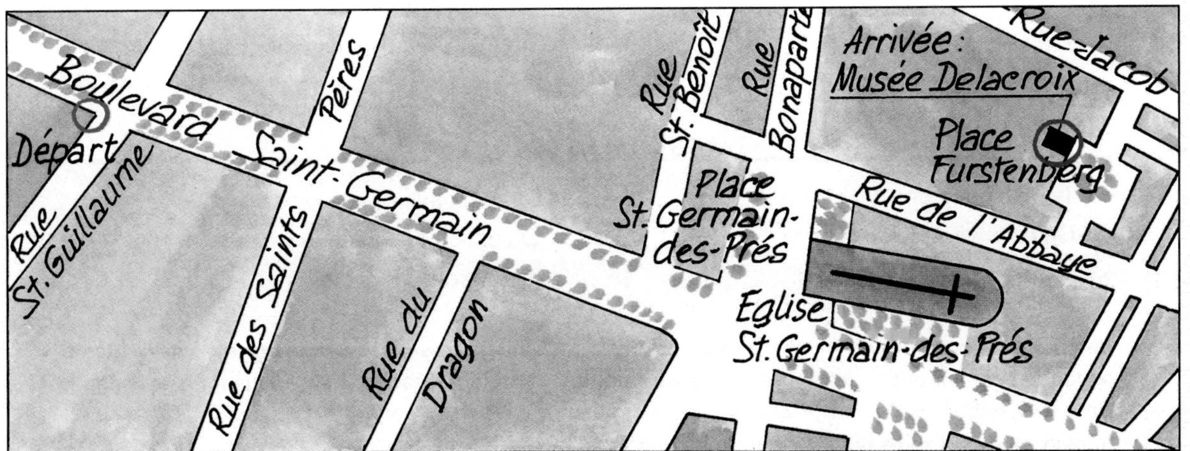

3 Un objet perdu

Quentin : Où est mon portefeuille ? Je ne le trouve plus !
Adèle : Il n'est pas dans ta poche ?
Quentin : Non, **je ne le trouve pas, j'espère que je ne l'ai pas perdu** !
Adèle : Voyons, qu'est-ce que tu as fait ? Quand est-ce que tu l'as sorti de ta poche, la dernière fois ?
Quentin : Chez le fromager.
Adèle : Tu es sûr que tu ne l'as pas laissé chez le fromager ?
Quentin : Non, non… j'ai payé, puis j'ai mis mon portefeuille dans ma poche.
Adèle : Il a dû tomber dans la rue, ou alors on te l'a volé.
Quentin : Je pense qu'il est tombé parce que j'ai entendu un bruit, mais je n'ai pas fait attention. Zut, qu'est-ce que je dois faire, maintenant ?
Adèle : Tu dois aller au commissariat de police, pour **faire une déclaration de perte**.

Grammaire

Passé composé + pronoms personnels directs

J'ai vu le film, mon mari, la voiture, Virginie…
→ Je **l'**ai vu(e). ≠ Je ne **l'**ai pas vu(e).

Il a perdu ses clés, ses papiers…
→ Il **les** a perdu(e)s. ≠ Il ne **les** a pas perdu(e)s.

Vous avez mis votre stylo, votre clé…
→ Vous **l'**avez mis(e) dans votre poche.
≠ Vous ne **l'**avez pas mis(e)…

Vocabulaire

- Un voleur vole un objet à quelqu'un.
- perdre un portefeuille
- un porte-monnaie
- un sac à main
- faire tomber un objet
- aller au commissariat de police
- faire une déclaration de vol, de perte
- « On m'a volé… J'ai perdu… »

Manières de dire

- Je ne trouve pas…
- Qu'est-ce que j'ai fait de… ?
- Je ne sais plus où j'ai mis…
- Je ne trouve plus…
- Où est-ce que j'ai mis… ?
- J'ai perdu…

Remarque grammaticale. On dit « Je **suis** sorti avec des amis. » mais « **J'ai sorti le portefeuille.** » Même situation pour « monter, descendre » : « Je **suis** monté au troisième étage. » mais « **J'ai monté les bagages** dans la chambre. »
Remarque de vocabulaire. « Je ne sais plus. » = « J'ai oublié. »

ACTIVITÉS

1 Vrai ou faux ?

	VRAI	FAUX
1. Quentin cherche son porte-monnaie.	☐	☐
2. Quentin a laissé l'objet chez le fromager.	☐	☐
3. L'objet est probablement tombé par terre.	☐	☐
4. Quentin doit contacter la police.	☐	☐

2 Répondez en utilisant un pronom personnel.

1. Vous avez trouvé le portefeuille ? — Oui, ______________________
2. Il a perdu son porte-monnaie ? — Non, ______________________
3. Vous avez pris les papiers ? — Oui, ______________________
4. Elle a contacté le commissariat ? — Oui, ______________________
5. Tu as vu le sac ? — Non, ______________________
6. Tu as trouvé mes clés ? — Oui, ______________________

3 Choisissez la bonne réponse.

1. J'ai | volé | perdu | mon portefeuille.
2. Je dois faire une | annonce | déclaration | au commissariat.
3. Mon passeport était dans mon | porte-monnaie | sac |.
4. On m'a volé mon sac, je dois déclarer le | vol | sac |.
5. Vous avez fait | tomber | perdre | votre passeport.

4 Vous cherchez ou bien vous avez perdu les objets suivants. Dites-le en variant les expressions.

1. 2. Restaurant Adams 3. PASSEPORT 4. 5.

1. ______________________
2. ______________________
3. ______________________
4. ______________________
5. ______________________

16 S'informer par téléphone

Une maison à louer

Judith : Bonjour, monsieur, **je vous téléphone à propos d'une annonce que j'ai vue** dans le journal. **Vous pouvez me décrire** un peu la maison que vous louez ?

M. Allard : Oui, c'est une jolie maison ancienne, avec un petit jardin. Il y a trois chambres, une salle de séjour, deux salles de bains avec W.-C. et une cuisine.

Judith : La cuisine est équipée ?

M. Allard : Oui. Il y a une cuisinière électrique avec un four, un réfrigérateur naturellement, un four à micro-ondes…

Judith : La maison fait combien de mètres carrés ?

M. Allard : Environ 90 m^2.

Judith : Et pour le linge de maison, **est-ce qu'il y a** des draps ?

M. Allard : Non, vous devez en apporter ou en louer.

Judith : Il y a un lave-linge ?

M. Allard : Oui, il y en a un dans la cuisine.

Grammaire

Le pronom personnel « en »

On ne précise pas combien

Il y a du papier ? — Oui, il y **en** a.
Tu as des crayons ? — Oui, j'**en** ai.

On précise la quantité

Il y a une terrasse ? — Oui, il y **en** a **une**.
Vous avez des enfants ? — Oui, j'**en** ai **trois**.

Forme négative

Tu as une voiture ? — Non, je n'**en** ai pas.
Il y a des draps ? — Non, il n'y **en** a pas.

Vocabulaire

- une maison avec un jardin, un garage
- une salle de séjour avec un canapé et des fauteuils
- une cuisine avec une cuisinière, un four, un réfrigérateur, un évier, un lave-vaisselle
- une chambre avec un lit, des draps…
- une salle de bains avec une douche, un lavabo, une baignoire, un lave-linge…
- des toilettes = des W.-C.

Manières de dire

- Je vous téléphone à propos de…
- J'ai lu une annonce dans le journal à propos de…
- Je voudrais quelques renseignements sur…
- Vous pouvez me décrire… ?
- La maison fait combien de mètres carrés ?
- Elle fait quelle surface ?

ACTIVITÉS

1 Vrai ou faux ?

	VRAI	FAUX
1. La maison n'est pas moderne.	☐	☐
2. Il y a des toilettes dans les salles de bains.	☐	☐
3. Il y a un lave-vaisselle.	☐	☐

2 Répondez aux questions, en utilisant le pronom « en ». Complétez éventuellement par une indication de quantité.

1. Il y a un jardin ? — Oui, ____________________
2. Il y a des touristes, dans la région ? — Oui, ____________________
3. Vous avez une voiture ? — Oui, ____________________
4. Tu as un téléphone mobile ? — Non, ____________________
5. Elle a des enfants ? — Oui, ____________________
6. Tu prends du thé ? — Oui, ____________________
7. Vous avez des sandales ? — Non, ____________________
8. Tu mets des tomates dans la salade ? — Oui, ____________________

3 Associez un objet et une pièce.

1. un évier
2. un lavabo
3. un fauteuil
4. un lit
5. un canapé
6. une douche
7. un four

a. une salle de séjour
b. une cuisine
c. une chambre
d. une salle de bains

4 Quelles phrases pouvez-vous utiliser dans les situations suivantes ?

1. Vous demandez la description d'un appartement.
2. Vous voulez connaître la surface de l'appartement.
3. Vous téléphonez à un propriétaire.
4. Vous demandez des renseignements sur l'appartement.
5. Vous parlez d'une annonce que vous avez vue dans le journal.

5 Vous téléphonez à un propriétaire pour avoir des renseignements sur un appartement à louer, pendant les vacances, à la plage. Vous voulez connaître la surface et le nombre de pièces. Vous demandez comment est la cuisine. Imaginez et jouez le dialogue.

17 Comparer

À propos des vacances

Barbara : Alors, qu'est-ce que tu en penses ? On va en Bretagne ou en Normandie ?
Brigitte : Moi, je préfère la Bretagne, c'est **plus beau**.
Barbara : Oui, c'est vrai, c'est magnifique, mais la Normandie aussi, et c'est **moins loin** !
Brigitte : Oui, mais en Bretagne, il y a **plus de choses** à voir !
Barbara : En Normandie, il y a plus de grandes plages, et pour les enfants, c'est **mieux** !
Brigitte : Je ne pense pas. Sur une plus petite plage, avec des rochers, les enfants jouent **plus facilement.**
Barbara : Donc, la Bretagne est **aussi jolie que** la Normandie… Impossible de choisir ! Alors, si on allait en Provence ?
Brigitte : (*rires*)

Grammaire

Le comparatif

■ Avec un adjectif ou un adverbe

plus grand, plus loin, plus lentement… que
moins agréable, moins loin, moins facilement… que
aussi grand, aussi loin, aussi lentement… que

Ne dites pas :	mais :
— « ~~plus bon~~ »	« meilleur »
— « ~~plus bien~~ »	« mieux »

■ Avec un nom

plus **de** monuments, plus **de** possibilités, plus **de** touristes … que
moins **de** choses à voir, moins **d'**hôtels, moins **de** jardins … que
autant **de** choses à voir, autant **d'**amis … que

Vocabulaire

- une région touristique, pittoresque…
- une plage avec du sable, des rochers, des coquillages
- des choses à voir, à visiter
- un monument historique
- une petite route de campagne
- un parc naturel
- des activités pour les enfants

Manières de dire

- C'est une plus belle région que…
- Il y a plus de choses à voir que…
- Le restaurant est meilleur que l'autre.
- La plage est plus belle que l'autre.
- Cette ville est moins loin que…
- C'est mieux de… (+ *infinitif*)

Remarque. On peut ajouter à un comparatif un adverbe, « beaucoup » ou « encore » : « C'est beaucoup/encore plus beau ! »

ACTIVITÉS

1 Vrai ou faux ?

	VRAI	FAUX
1. Brigitte trouve la Bretagne plus belle que la Normandie.	☐	☐
2. Barbara préfère la Normandie.	☐	☐
3. Brigitte trouve la Provence encore plus belle que la Bretagne.	☐	☐

2 Imaginez au moins deux phrases pour faire ces comparaisons. Il y a plusieurs solutions, bien sûr.

1. Narbonne : 45 000 habitants — Montpellier : 210 000 habitants

____

____

2. Beaune-Dijon = 40 km — Paris-Dijon = 310 km

____

____

3. Lille : 1 musée — Marseille : 5 musées

____

____

4. Clermont-Ferrand : 140 000 habitants — Angers : 140 000 habitants

____

____

3 Complétez.

1. C'est une région jolie et intéressante, elle est ____________________.
2. Au bord de la mer, sur la ____________________, les enfants ramassent des ____________________.
3. En France, il y a beaucoup de ____________________ historiques à visiter.
4. Quand on aime la nature, les arbres, les chemins, il est agréable de se promener dans un ____________________ ____________________.
5. Le Mont-Saint-Michel est visité par beaucoup de touristes, c'est un lieu très ____________________.

4 À vous ! Parlez de votre pays et comparez…

1. deux régions
2. deux villes
3. deux équipes sportives
4. deux musées

18 Caractériser

Avant une fête d'anniversaire

Louise : Quelle nappe est-ce qu'on met ?
Julie : La blanche, c'est la plus jolie.
Louise : Celle-ci ?
Julie : Non, celle qui est **dans le placard du bas** !
Louise : Quels verres est-ce que tu préfères ?
Julie : Ceux qui sont dans le buffet, sur **l'étagère du haut.**
Louise : Je prends les assiettes **qui sont au-dessous** ?
Julie : Oui, celles **qui ont un motif bleu.**

Grammaire

Les pronoms démonstratifs

la nappe,	**celle** qui est dans le placard
le vase,	**celui** que je préfère
les serviettes,	**celles** qui sont devant
les verres,	**ceux** qui sont bleus

Ou encore, pour une couleur, une taille :

la nappe bleue,	la bleue
les serviettes blanches,	les blanches
les petits verres,	les petits

Vocabulaire

- la nappe et les serviettes
- **la vaisselle**
  une assiette plate, à soupe, à dessert
- un plat (pour servir), un saladier
- **les couverts**
  une fourchette, un couteau, une cuiller, un couteau à fromage
- un verre, une carafe d'eau, une bouteille de vin
- un plateau
- une corbeille à pain
- une corbeille de fruits

Manières de dire

- L'étagère du haut, du bas, du milieu.
- Le placard de droite, de gauche.
- Les assiettes qui sont au-dessus, au-dessous.
- Les bleues, les noires, la rouge, les grands, la petite.
- Celui qui a un motif noir et blanc. Celle qui a des rayures jaunes.

ACTIVITÉS

1 Vrai ou faux ?

	VRAI	FAUX
1. La nappe blanche est sur l'étagère du haut.	☐	☐
2. Louise va prendre les verres dans un placard.	☐	☐
3. Les assiettes sont bleues.	☐	☐

2 Complétez par « celui/celle/ceux/celles » ou « le/la/les » selon le cas.

1. Je vais acheter ce pantalon. — Lequel ? — __________ noir.
2. Où sont les assiettes ? — Lesquelles ? — __________ que j'ai lavées.
3. Je cherche la boîte. — Laquelle ? — __________ verte.
4. Tu as vu les verres ? — Lesquels ? — __________ que j'ai achetés hier.
5. Où est mon stylo ? — Lequel ? — __________ qui était là.
6. Quelle nappe veux-tu mettre ? — __________ qui a un motif vert et jaune.

3 Complétez les légendes.

1. __________ **4.** __________ **7.** __________ **10.** __________
2. __________ **5.** __________ **8.** __________ **11.** __________
3. __________ **6.** __________ **9.** __________ **12.** __________

4 Caractérisez les objets suivants.

Exemple : plateau (blanc) → ***Je cherche le plateau, le blanc.***

1. placard (gauche) → ______________________________
2. fleurs (blanches) → ______________________________
3. nappe (motif rouge) → ______________________________
4. couverts (dans le tiroir) → ______________________________
5. carafe (en cristal) → ______________________________
6. étagère (du bas) → ______________________________

19 Exprimer une condition

Le temps qu'il fait

Véronique : Qu'est-ce qu'on fait demain ? On va à la plage ?
Alain : Oui, **s'il fait aussi beau** qu'aujourd'hui, **on pourra** y aller. Tu te baigneras ?
Véronique : Si l'eau n'est pas trop froide, oui, bien sûr ! **Sinon, je resterai** au soleil.
Alain : Si je vois Grégoire, je lui proposerai de faire un peu de bateau.
Véronique : Et **s'il ne fait pas** beau demain ?
Alain : On ira en ville faire des courses, non ?
Véronique : Oui… Même s'il pleut, ce sera agréable…

Grammaire

Structure de l'hypothèse et de la condition

■ **« Si » + présent – futur simple**
S'il **fait** beau, nous **irons** à la plage.
Si j'**ai** le temps, je **téléphonerai** à ma cousine.
Elle **viendra** si elle **peut**.
Je **ferai** du jogging, même s'il **fait** froid.

Vocabulaire

- Il fait beau ≠ mauvais.
- Il fait froid ≠ chaud.
- L'eau de la mer est bonne ≠ froide.
- Il y a du soleil, du vent.
- Il y a des nuages = il fait gris.
- Il pleut. La pluie est forte.
- Il fait 24°. (« Il fait vingt-quatre. »)
- Il fait – 3°. (« Il fait moins trois. »)
- On ne voit rien, il y a du brouillard.

Manières de dire

- S'il fait beau, je… + *futur simple*
- Si j'ai le temps, je… + *futur simple*
- Si nous pouvons, nous… + *futur simple*
- Même si c'est difficile, nous… + *futur simple*
- Sinon, + *futur simple*

Remarque grammaticale. Dans la langue familière, on utilise « on » pour « nous » *(voir page 86)*.
« Nous avons dîné au restaurant. » *(langue correcte)* « On a dîné au restaurant. » (*langue familière)*
« Nous irons au cinéma. » « On ira au cinéma. »
Remarque de vocabulaire. « Se baigner » = aller dans l'eau.
« Je suis allé à la plage, dimanche. — Tu t'es baigné ? — Non, l'eau était trop froide. »

ACTIVITÉS

1 Vrai ou faux ?

	VRAI	FAUX
1. Véronique n'aime pas l'eau froide.	☐	☐
2. Alain voudrait faire du bateau.	☐	☐
3. Même s'il pleut, Véronique et Alain iront à la plage.	☐	☐

2 Complétez aux temps appropriés.

1. Si nous ____________________ à la plage *(aller)*, les enfants ____________________ des coquillages *(ramasser)*.

2. Je ____________________ le train *(prendre)* si ma voiture ne ____________________ pas *(marcher)*.

3. S'il ____________________ beau *(faire)*, j'____________________ les enfants dans la forêt *(emmener)*.

4. Si nous ____________________ notre appartement *(vendre)*, nous ____________________ acheter une maison en Bretagne *(pouvoir)*.

5. Si c'____________________ possible *(être)*, je ____________________ tôt *(partir)*.

6. S'il y ____________________ assez de vent *(avoir)*, elle ____________________ du bateau *(faire)*.

3 Quel temps fait-il ?

1. ____________

2. ____________

3. ____________

4. ____________

5. ____________

6. ____________

1. 2. 3.

4. 5. 6.

4 Vous voulez faire les actions suivantes. Ajoutez une condition et faites une phrase complète.

1. faire du jogging

2. regarder le match de rugby

3. téléphoner à un(e) ami(e)

4. aller au cinéma

5. préparer un bon plat

6. pouvoir prendre des vacances

7. *(À vous d'imaginer !)*

Parler des lieux et des objets

20 Parler d'un besoin

Dans un nouveau bureau

Joël : Alors, **de quoi avons-nous besoin** ?
Vincent : Il nous faut deux ordinateurs portables, une photocopieuse et un fax. C'est le minimum.
Joël : Tu as besoin d'un téléphone mobile ?
Vincent : Quelle question ! Bien sûr ! Tu me vois sans téléphone mobile ?!
Joël : Il faut aussi **que** nous demandions une connexion Internet à haut débit. Je passe mes journées à consulter le Net.
Vincent : Oui, **il faut aussi** créer un site Internet.
Joël : Tu as raison. Il faut que je téléphone à Bruno. Il a promis de nous aider.

Grammaire

Le subjonctif des verbes en « -er »

Même conjugaison que le présent de l'indicatif, sauf pour « nous » et « vous ».

■ **Il faut que...**

	je parle, tu parles, il parle, nous parl**ions**, vous parl**iez**, ils parlent
trouver	je trouv**e**, nous trouv**ions**
demander	je demand**e**, nous demand**ions**

Vocabulaire

- un téléphone mobile = portable
- taper un document sur un ordinateur (portable) avec un logiciel de traitement de texte
- imprimer un document sur une imprimante
- photocopier grâce à une photocopieuse
- utiliser un fax = un télécopieur
- un appareil photo digital
- consulter la Toile = le Net
- surfer sur le Net = Internet
- se connecter = aller sur le site www...
- créer un site Internet
- envoyer par courriel (= par e-mail)
- télécharger

Manières de dire

- De quoi avons-nous besoin ?
- De quoi as-tu besoin ?
- J'ai besoin de... + *nom*
- Qu'est-ce qu'il te/nous/vous faut ?
- Il faut que... + *subjonctif*
- De quoi avez-vous besoin ?
- Tu as besoin de... + *nom*
- Il me/nous faut... + *nom*

ACTIVITÉS

1 Vrai ou faux ?

	VRAI	FAUX
1. Vincent n'a pas besoin d'un télécopieur.	☐	☐
2. Joël utilise beaucoup l'Internet.	☐	☐
3. Joël et Vincent n'ont pas encore de site Internet.	☐	☐

2 Complétez au subjonctif.

1. Il faut que vous ____________________ à Charlotte. *(demander)*
2. Je voudrais qu'il ____________________ sur ce projet. *(travailler)*
3. Il faut que nous ____________________ les clients. *(inviter)*
4. Il faut que vous ____________________ notre site Internet. *(consulter)*
5. C'est bien que tu ____________________ Maxime. *(contacter)*
6. Il est important que nous ____________________ un ordinateur. *(acheter)*
7. Il faut qu'elle ____________________ le document. *(imprimer)*

3 Choisissez la bonne réponse.

1. Je [vais | consulte] sur le site de Clé International.
2. Il [connecte | imprime] un document.
3. Nous avons un ordinateur [mobile | portable].
4. Impossible d'envoyer d'un fax, [le télécopieur | la photocopieuse] ne marche pas.
5. Vous avez un [ordinateur | logiciel] de traitement de texte ?
6. Ils ont besoin d'un appareil de photo [portable | digital].
7. Il est interdit de [télécharger | consulter] de la musique.

4 Trouvez la question.

1. ____ ? — J'ai besoin d'un ordinateur.
2. ____ ? — Il me faut un télécopieur.
3. ____ ? — Oui, il faut que je lui téléphone.
4. ____ ? — Nous avons besoin d'une ligne pour l'Internet.

5 Vous installez le bureau de vos rêves. De quoi avez-vous besoin ?

____

____

____

____

21 Saluer et présenter

Dans la rue

Barbara : Tiens, **bonjour,** Noémie, **ça fait* plaisir de te voir ! Ça va** ?
Noémie : Oui, **bien, merci, et toi** ?
Barbara : Pas mal, merci. Tu vas au travail ?
Noémie : Oui, je vais prendre le bus.
Barbara : Au fait, **vous vous connaissez** ?
Noémie et Léo : Non…
Barbara : Alors, **voici** Léo, mon voisin. Noémie, une ancienne collègue.
Noémie et Léo : Bonjour !
Noémie : Eh bien, mon bus arrive, **je vous laisse. Bonne journée et à bientôt** !
Barbara : Au revoir, à la prochaine*. Dis bonjour à Renaud de ma part !

Grammaire

Les verbes pronominaux au présent

s'appeler
je (ne) m'appelle (pas),
tu (ne) t'appelles (pas), il (ne) s'appelle (pas),
nous (ne) nous appelons (pas),
vous (ne) vous appelez (pas),
ils (ne) s'appellent (pas)
se connaître
— Vous vous connaissez ?
— Oui, nous nous connaissons bien.

Vocabulaire

- le voisin, la voisine, les voisins
- le collègue, la collègue (de travail)
- une connaissance
- un ami < un grand ami
- une amie < une grande amie
- le père, la mère = les parents
- le fils, la fille, le frère, la sœur
- l'oncle, la tante, le cousin, la cousine

Manières de dire

- Bonjour…
- Ça fait* plaisir de te/vous voir !
- Je te/vous laisse !
- Au revoir, à bientôt !
- À la prochaine* !
- Dis bonjour à X. de ma part !
- Vous vous connaissez ?
- Vous connaissez… Alain ?
- Tu connais mon cousin ?
  — Alors, voici… Alain.
  — Alain, mon cousin.
  — Je te/vous présente Alain, mon cousin.

Remarques de vocabulaire. **1.** « Un grand(e) ami(e) » = un(e) très cher(chère) ami(e). – **2.** Le mot « une connaissance » est toujours féminin.

ACTIVITÉS

1 Vrai ou faux ?

	VRAI	FAUX
1. Noémie et Barbara sont de grandes amies.	☐	☐
2. Léo habite près de chez Barbara.	☐	☐
3. Renaud vit probablement avec Noémie.	☐	☐

2 Complétez au présent.

1. Vous ____________________ ? *(se connaître)* — Oui, nous ____________________.

2. Elle ____________________ de ses parents ? *(s'occuper)*
— Non, elle ____________________ de ses enfants.

3. Les enfants ____________________ bien ? *(s'entendre)*
— Non, ils ne ____________________ pas bien.

4. Il ____________________ Fabrice ? *(s'appeler)* — Non, il ____________________ Fabien.

5. Tu ____________________ avec ta sœur ? *(se disputer)*
— Oui, quelquefois je ____________________ avec elle.

6. Tu ____________________ au club de gym ? *(s'inscrire)*
— Oui, je ____________________ maintenant.

3 Complétez.

1. Ils travaillent ensemble, ils sont ____________________.
2. Rose habite à côté de chez moi, c'est ma ____________________.
3. Je connais un peu Léon, c'est une ____________________.
4. Michel et François sont des ____________________ d'enfance.
5. Philippe est un ____________________ de Bruno, ils sont très proches.

4 Replacez les expressions dans les dialogues.

présente – ça fait plaisir de te voir – connaissez – bien – bonjour (2 fois)

1. Estelle ! ____________________ !
— ____________________ ! ____________________ ! Ça va ?
— Oui, ____________________, merci, et toi ?

2. Vous vous ____________________ ?
— Non…
— Alors, je te ____________________ Jules, mon frère. Vincent, mon cousin.

22 Excuser et s'excuser

Monsieur « Catastrophe »

Louis : Oh pardon, madame ! Excusez-moi !
Je ne vous avais pas vue !

**Madame Rousseau : Ce n'est rien, monsieur.
Il n'y a pas de mal** !

(Plus tard.)

Louis : Je suis désolé d'être en retard ! J'avais oublié la réunion !

Laurent : Ce n'est pas grave, nous n'avons pas encore commencé !

(Plus tard, en sortant du bureau.)

Isabelle : Louis ! Louis !

Louis : Isabelle ! Oh, pardon, **excuse-moi,** je ne t'avais pas entendue !

Grammaire

Le plus-que-parfait

Même structure que le passé composé, mais l'auxiliaire « être » ou « avoir » est à l'imparfait.

prendre
j'avais pris, tu avais pris, il avait pris,
nous avions pris, vous aviez pris, ils avaient pris

aller
j'étais allé, tu étais allé, il était allé,
nous étions allés, vous étiez allés, ils étaient allés

■ **On peut ajouter un adverbe**
Tu avais **déjà** lu ce livre ?
Nous avions **toujours** imaginé…
Ce jour-là, j'avais **mal** dormi.

Vocabulaire

Quelques actions quotidiennes

- se lever, se préparer
- partir de la maison
- emmener les enfants à l'école
- prendre le train, le bus, la voiture
- aller au bureau, le matin
- avoir une réunion
- quitter le bureau, le soir
- heurter quelqu'un dans la rue
- attendre le bus, le train
- rentrer à la maison, chez soi…
- regarder la télévision, lire le journal…

Manières de dire

- Excusez-moi ! • Excuse-moi !
- Pardon !
- Je ne vous avais pas vu(e)/vu(e)s. • Je ne t'avais pas vu(e).
- Je suis désolé(e) !
- Je suis vraiment désolé(e).

— Ce n'est rien !
— Il n'y a pas de mal !
— Je vous en prie !/Je t'en prie !
— Ce n'est pas grave !

ACTIVITÉS

1 Vrai ou faux ?

	VRAI	FAUX
1. Louis a heurté une dame dans la rue.	☐	☐
2. La réunion est déjà finie.	☐	☐
3. Louis ne voit pas Isabelle.	☐	☐

2 Complétez les phrases au plus-que-parfait.

1. Vous ________________ déjà ________________ ce film ? *(voir)*
2. Ils ________________________ leur maison. *(vendre)*
3. Il ________________________ en Grèce. *(aller)*
4. Tu ________________________ le train. *(prendre)*
5. Ils ________________________ avant moi. *(rentrer)*
6. J'________________________ avant mon collègue. *(arriver)*
7. Elle ________________ déjà ________________ le journal. *(lire)*

3 Choisissez la bonne réponse.

1. Il | part | prend | de la maison à 7 heures et demie.
2. Il | prend | va | le bus.
3. Il | part | arrive | au bureau vers 8 heures et demie.
4. Il | a | prend | une réunion à 10 heures.
5. Il | quitte | attend | le bureau vers 18 heures.
6. Il | part | rentre | à la maison vers 19 heures.
7. Il | regarde | lit | la télévision.

4 Que disent-ils ?

23 Téléphoner

1 Un ami téléphone

Madame Vérot : Oui, allô ?
Vincent : Bonjour, madame, **est-ce que je pourrais parler à** Guillaume, s'il vous plaît ?
Mme Vérot : Ah, je suis désolée, Guillaume **n'est pas là. Je peux prendre un message** ?
Vincent : Oui, je suis Vincent, un copain* de fac*. **Est-ce que Guillaume peut me rappeler sur mon mobile ?**
Mme Vérot : Il a votre numéro ?
Vincent : Oui, oui !
Mme Vérot : D'accord, **je lui dirai** !
Vincent : Merci madame, au revoir !

Grammaire

Les pronoms personnels indirects

Je dirai **à Alain** de vous rappeler.
→ Je **lui** dirai.

Vous laissez un message **à Léa**.
→ Vous **lui** laissez un message.

Nous parlerons **à nos amis**.
→ Nous **leur** parlerons.

Je peux **lui** envoyer une lettre.
Vous voulez **lui** parler ?

Vocabulaire

- le mobile = le portable
- appeler quelqu'un sur son mobile = son portable
- le numéro de téléphone
- le numéro de mobile = de portable
- consulter le répondeur
- prendre un message
- laisser un message sur le répondeur
- envoyer ≠ recevoir un SMS
- répondre au téléphone

Manières de dire

- Est-ce que je pourrais parler à... ?
- Est-ce que je peux parler à... ?
- Est-ce que... Daniel est là ?
- Il/Elle peut me rappeler au... 01 45 44 87 00.

— Non, il n'est pas là. Je peux prendre un message ?

Remarques de vocabulaire. **1.** « Un copain », « une copine » sont des termes familiers pour « ami(e) ». – **2.** « La fac » = la faculté = l'université.

ACTIVITÉS

1 **Vrai ou faux ?**

	VRAI	FAUX
1. Guillaume est absent.	☐	☐
2. Vincent a un portable.	☐	☐
3. Guillaume n'a pas le numéro de portable de Vincent.	☐	☐

2 **Répondez en utilisant « lui » ou « leur ». Attention aux temps des verbes.**

1. Vous téléphonez *à Bertrand* ? — Oui, je ______________________
2. Tu diras *à ton fils* que Pierre a téléphoné ? — Oui, je ______________ que Pierre a téléphoné.
3. Tu voudrais parler *à Véronique* ? — Oui, je ______________________________
4. Tu demanderas l'adresse *à tes parents* ? — Oui, je ______________________________
5. Vous donnerez le message *à Colette* ? — Oui, je ______________________________
6. Vous devez écrire *à Brice et Juliette* ? — Oui, je ______________________________

3 **Choisissez la bonne réponse.**

1. Vous avez un mobile ?
   ☐ **a.** Oui, j'ai un portable. ☐ **b.** Oui, j'ai un répondeur.
2. Tu as laissé un message ?
   ☐ **a.** Oui, sur son SMS. ☐ **b.** Oui, sur son répondeur.
3. Vous avez son numéro de portable ?
   ☐ **a.** Oui, il a un mobile. ☐ **b.** Oui, c'est le 06 08 07 09 00.
4. Tu as consulté ton répondeur ?
   ☐ **a.** Oui, et je n'ai pas de message. ☐ **b.** Oui, j'ai envoyé un message.

4 **Complétez par un verbe approprié.**

1. Est-ce que je ______________ parler à Bérengère, s'il vous plaît ?
2. Est-ce que Paul ______________ là ?
3. Je peux ______________ un message ?
4. Lucie peut me ______________ sur mon mobile ?
5. Est-ce que je peux ______________ à Simon, s'il vous plaît ?

5 **Vous téléphonez chez un ami et c'est une autre personne qui répond. Vous demandez à parler à votre ami. Il n'est pas là. L'autre personne demande si elle peut prendre un message. Vous dites que oui, et vous demandez que votre ami vous rappelle. Vous donnez votre numéro de téléphone. Imaginez et jouez le dialogue.**

2 Dans une entreprise

La standardiste : Société Reflex, bonjour !
Lucien : Bonjour, madame, **je voudrais parler à** Daniel Rodin, s'il vous plaît.
La standardiste : Oui, monsieur, **c'est de la part de qui** ?
Lucien : De la part de Frédéric Lemaître.
La standardiste : Ne quittez pas, je vous le passe. (...) Je suis désolée, **son poste est occupé. Vous patientez ? Vous voulez laisser un message ?**
Lucien : Non merci, **je le rappellerai** plus tard.

Grammaire

Les doubles pronoms personnels

Je **vous le** passe.
Elle **me le** donne.
Je **te l'**apporte.
Ils **nous la** prêtent.

Mais :

Je **le lui** donne.
Il **la lui** offre.
Nous **le leur** expliquons.

Vocabulaire

- Au standard (= l'accueil, la réception), le/la standardiste répond aux appels.
- le poste
- la ligne
- être occupé = être en ligne
- appeler quelqu'un
- téléphoner à quelqu'un
- rappeler quelqu'un plus tard
- patienter (= attendre)
- prendre un message ≠ laisser un message

Manières de dire

- Je voudrais parler à...
- Est-ce que je peux parler à... ?
- Est-ce que je pourrais parler à... ?
- C'est de la part de qui ?
- Ne quittez pas !
- Je vous le/la passe !
- Son poste est occupé.
- Vous patientez ?
- Vous voulez laisser un message ?

Remarque de grammaire. Attention à la construction des verbes : « téléphoner à quelqu'un » (« je lui/leur téléphone ») et « appeler quelqu'un » (« je l'/les appelle »).

ACTIVITÉS

1 Vrai ou faux ?

	VRAI	FAUX
1. Daniel Rodin n'est pas disponible.	☐	☐
2. Lucien ne laisse pas de message.	☐	☐
3. Lucien téléphonera plus tard à Daniel Rodin.	☐	☐

2 Transformez en utilisant les doubles pronoms.

1. Je vous passe Gilles. → Je ______________________.
2. Je vous passe Catherine. → Je ______________________.
3. Il m'apporte le livre. → Il ______________________.
4. Nous te donnons l'adresse. → Nous ______________________.
5. Tu me rends les stylos. → Tu ______________________.
6. Je lui donne le renseignement. → Je ______________________.
7. Il leur demande le numéro. → Il ______________________.
8. Elle lui explique le projet. → Elle ______________________.

3 Trouvez une autre manière de dire.

1. Vous attendez quelques instants ? → ______________________
2. Je téléphone à mon collègue. → ______________________
3. Le poste est occupé. → ______________________
4. Monsieur Martin est en ligne. → ______________________
5. J'attends Madame Mureau à la réception. → ______________________

4 Remettez le dialogue dans l'ordre.

a. Ne quittez pas, je vous le passe.(…) Son poste est occupé, vous patientez ?
b. Oui, monsieur, c'est de la part de qui ?
c. Non merci, je le rappellerai plus tard.
d. Bonjour, je voudrais parler à Philippe Dubreuil, s'il vous plaît.
e. De la part de Clément Guéraud. **1.** ______ **2.** ______ **3.** ______ **4.** ______ **5.** ______

5 Quelle phrase utilisez-vous pour…

1. demander à parler à quelqu'un ?
2. demander l'identité de quelqu'un ?
3. demander d'attendre ?
4. proposer de prendre un message ?

24 Donner des instructions

1 Au club de gym

Maxime : Tendez les bras… relâchez !
Corinne : Ouh, c'est fatigant !
Maxime : Soufflez ! Levez la jambe droite, baissez-la ! **Vous allez faire** le même mouvement dix fois de suite.
Corinne : Dix fois !
Maxime : **N'oubliez pas** de souffler ! Voilà. Ça suffit. Maintenant, **allongez-vous** par terre, les pieds au sol.
Corinne : Ça fait du bien de s'allonger ! Je suis crevée* !
Maxime : **Nous allons faire** quelques abdominaux.
Corinne : Oh non !… Je vais avoir des courbatures !
Maxime : Mais pourquoi est-ce que vous prenez des cours de gym, alors ? !

Grammaire

Impératif à la forme « vous »

Pour la plupart des verbes, on utilise la forme « vous » du présent.

souffler	Soufflez !	Ne soufflez pas !
prendre	Prenez !	Ne prenez pas !
faire	Faites !	Ne faites pas !

Mais :

avoir	ayez…	n'ayez pas…
être	soyez…	ne soyez pas…

■ Verbes pronominaux

s'occuper	Occupez-vous !	Ne vous occupez pas de moi !
s'asseoir	Asseyez-vous !	Ne vous asseyez pas !

Vocabulaire

- s'allonger ≠ se lever
- tendre le bras ≠ relâcher
- plier le bras ≠ allonger le bras
- lever la jambe ≠ baisser la jambe
- inspirer ≠ souffler
- faire de la gym[nastique]
- faire de la musculation
- faire des abdominaux
- avoir des courbatures

Manières de dire

- Faites…
- Vous allez faire…
- Prenez…
- Vous allez prendre…

Ou même :

- Nous allons maintenant…

Remarque de vocabulaire. « Avoir des courbatures » = avoir des douleurs musculaires, après un gros effort : « J'ai fait du ski pendant 8 heures, j'ai des courbatures dans les jambes. »

ACTIVITÉS

1 Vrai ou faux ?

	VRAI	FAUX
1. Corinne n'est pas très sportive.	☐	☐
2. Maxime fait des abdominaux.	☐	☐
3. Corinne adore la gym.	☐	☐

2 Faites des phrases à l'impératif (forme « vous »).

1. faire des abdominaux : ____________________
2. aller au théâtre : ____________________
3. être patient : ____________________
4. ne pas prendre le métro : ____________________
5. s'allonger : ____________________
6. ne pas faire de bruit : ____________________
7. venir tôt : ____________________
8. s'asseoir : ____________________

3 Répondez par le contraire.

1. Elle inspire ? — Non, elle ______________.
2. Tu baisses les bras ? — Non, je les ______________.
3. Elle se lève ? — Non, elle ______________.
4. Il relâche le bras ? — Non, il le ______________.
5. Tu allonges la jambe ? — Non, je la ______________.

4 Que font-ils ?

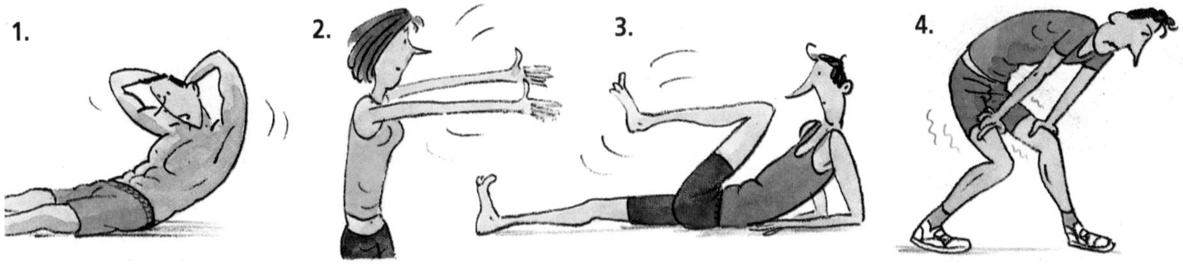

1. 2. 3. 4.

1. ____________________
2. ____________________
3. ____________________
4. ____________________

5 Expliquez un mouvement de gymnastique à un groupe de personnes. Utilisez le vocabulaire ci-contre.

____

____

____

____

____

2 Dans un jardin public

La mère : Jules, **viens** avec moi, nous allons au parc.
(Un peu plus tard.)
La mère : Allez, **va jouer**! Regarde, il y a Anaïs, qui veut certainement jouer avec toi.
Anaïs : Jules ! Viens jouer avec moi ! **Mets-toi** là et puis je vais te lancer le ballon et **tu vas l'attraper**.
Jules : Vas-y, lance-moi le ballon !
(Encore un peu plus tard.)
La mère : Qu'est-ce que tu as trouvé dans le sable ? Un vieux papier ? **Ne le mets pas** dans ta bouche, c'est sale !

Grammaire

L'impératif à la forme « tu »

Pour la plupart des verbes, il correspond à la forme « tu » du présent.

venir	Viens !	Ne viens pas !
prendre	Prends !	Ne prends pas !
faire	Fais !	Ne fais pas !

Mais :

être	Sois…	Ne sois pas…
avoir	Aie…	N'aie pas…

■ Verbes pronominaux

s'occuper	Occupe-toi (de)… !	Ne t'occupe pas (de)… !
se mettre	Mets-toi là !	Ne te mets pas là !

Vocabulaire

- un jardin public
- jouer dans le bac à sable avec un seau et une pelle
- un toboggan
- une balançoire
- un manège
- jouer au ballon, lancer, attraper le ballon
- courir, sauter, s'amuser
- jouer à… un jeu.

Manières de dire

- Prends le ballon ! Ne le prends pas ! Attrape-le !
- Lance-moi le ballon !

On peut également utiliser le futur proche :

- Tu vas te mettre ici et tu vas attraper le ballon.

Remarque. On écrit « Va à la poste ! », mais « Vas-y ! » (pour des raisons phonétiques).

ACTIVITÉS

1 Vrai ou faux ?

	VRAI	FAUX
1. Jules et sa mère vont jouer dans le jardin.	☐	☐
2. Anaïs veut jouer au ballon avec Jules.	☐	☐
3. Jules ne doit pas jouer au ballon.	☐	☐

2 Mettez les impératifs à la forme « tu ».

1. Venez avec moi ! ____________________

2. Ne prenez pas ce ballon ! ____________________

3. N'allez pas au parc ! ____________________

4. Occupez-vous de Léo ! ____________________

5. Mettez-vous ici ! ____________________

6. Allez-y ! ____________________

7. Ne vous mettez pas ici ! ____________________

8. Allez faire du jogging ! ____________________

3 Complétez les légendes.

1. ____________ **2.** ____________ **3.** ____________ **4.** ____________

4 Complétez.

1. Les enfants jouent dans le bac ____________ ____________.

2. Louise aime bien glisser sur le ____________.

3. Les garçons ____________ au ballon.

4. Le père ____________ le ballon à son fils, qui l'____________.

5. En ville, les enfants jouent dans les ____________ ____________.

6 Vous jouez avec un enfant. Expliquez-lui ce qu'il doit faire.

____

____

____

Parler aux autres

25 Nier

Une mère et son fils

Madame Moreau : Mon chéri, c'est toi qui a cassé le plat noir ?
Damien : Mais non, **je n'ai pas cassé** le plat !
Mme Moreau : Et où est-ce que tu as rangé le paquet de bonbons ?
Damien : Je n'ai pas pris le paquet de bonbons ! Quels bonbons ? Il y a des bonbons ?
Mme Moreau : C'est bizarre, je ne trouve pas mon porte-monnaie… Où est-ce que tu as mis mon porte-monnaie ?
Damien : Je n'ai pas vu ton porte-monnaie ! **Ce n'est pas juste,** tu m'accuses toujours !
Mme Moreau : Mais non, je ne t'accuse pas, je te demande, tout simplement…

Grammaire

Le passé composé négatif

Je n'ai pas pris ton sac !
— Je ne l'ai pas pris !

Tu n'as pas vu mes clés ?
— Je ne les ai pas vues.

Ils ne sont pas venus.
Je n'ai rien mangé.
Il n'a jamais vu ce film.
Je ne me suis pas reposé.

Vocabulaire

- chercher un objet
- trouver l'objet
- ranger = mettre un objet dans un placard, un sac…
- casser un verre, un vase, une assiette
- recoller un objet cassé (avec de la colle)
- jeter un objet à la poubelle

Manières de dire

- Je n'ai pas fait ça !
- Je n'ai jamais vu ce film !
- Je n'ai rien fait !
- Mais non !
- Absolument pas !
- Non, pas du tout !
- Ce n'est pas moi !
- Ce n'est pas vrai !
- Ce n'est pas juste !

Remarque. Il existe deux réponses possibles à la question « Vous êtes **déjà** allé à Amsterdam ? »
— Non, je ne suis **pas encore** allé à Amsterdam *(mais j'irai probablement).*
— Non, je ne suis **jamais** allé à Amsterdam *(et je n'irai probablement pas).*

ACTIVITÉS

1 Vrai ou faux ?

	VRAI	FAUX
1. Mme Moreau a jeté le plat noir.	☐	☐
2. Damien aime probablement les bonbons.	☐	☐
3. Mme Moreau cherche son porte-monnaie.	☐	☐

2 Répondez par la négative.

1. Tu as vu mon dictionnaire ? — Non, je ______________________________.
2. Tu as pris le bus ? — Non, je ______________________________.
3. Elle est déjà arrivée ? — Non, elle ______________________________.
4. Tu t'es levé tôt ? — Non, je ______________________________.
5. Ils ont déjà visité Budapest ? — Non, ils ______________________________
______________________________. *(2 possibilités)*
6. Vous avez compris ? — Non, je ______________________________.
7. Vous avez fait quelque chose ?— Non, nous ______________________________.
8. Il s'est reposé ? — Non, il ______________________________.

3 Complétez.

1. Quand on a ________________ un objet, on peut le ________________ avec de la colle.
2. J'ai ________________ ces vieux magazines à la poubelle.
3. Il a ________________ ses vêtements dans le placard.
4. Qu'est-ce que tu ________________ ? — Mon stylo.
5. Zut ! Je ne ________________ pas mon portefeuille !

4 Répondez par la négative. Variez les expressions.

1. C'est toi qui as fait ça ? — ______________________________
2. Vous avez déjà vu ce film ? — ______________________________
3. Il est déjà allé à Prague ? — ______________________________
4. Elle a déjà travaillé à l'étranger ? — ______________________________
5. Vous aimez cette musique ? — ______________________________
6. Tu as acheté quelque chose ? — ______________________________
7. Ils ont perdu le match ? — ______________________________

5 Deux amis se disputent. Le premier accuse l'autre d'avoir jeté une lettre importante. Le second nie. Imaginez et jouez le dialogue.

26 Inviter, accepter, refuser

1 Entre voisins

(Dans le hall d'entrée d'un immeuble.)

Mathilde : Bonjour ! Nous sommes les nouveaux locataires du cinquième étage, et **nous organisons un apéritif** vendredi soir, pour connaître nos voisins. **Vous êtes libres** ?

Madame Lefèvre : Oui, c'est une bonne idée de faire ça ! **C'est gentil de nous inviter, je viendrai avec plaisir. Est-ce que je peux apporter quelque chose** ?

Mathilde : Non merci, ce sera très simple, vous savez. Et vous, monsieur, **vous pourrez venir** ?

Monsieur Saunier : Je suis vraiment désolé, je ne serai pas là vendredi. **C'est dommage,** parce que votre invitation est très gentille. Une autre fois, j'espère !

Grammaire

Les adjectifs possessifs

mon père, **ma** mère, **mes** parents
ton père, **ta** mère, **tes** parents
son père, **sa** mère, **ses** parents
notre père, **notre** mère, **nos** parents
votre père, **votre** mère, **vos** parents
leur père, **leur** mère, **leurs** parents

Vocabulaire

- Un(e) locataire loue un appartement.
- Il/Elle paye un loyer tous les mois.
- Un propriétaire possède une maison.
- Les voisins habitent dans le même immeuble, ou dans la maison d'à côté.
- On rencontre les voisins dans l'immeuble ou dans la rue.

Manières de dire

- Vous voulez venir dîner ?
  — Oui, avec plaisir, c'est très gentil !
  — Oui, ça me ferait très/vraiment plaisir.
  — Oui, c'est une bonne idée.
  — Non, c'est dommage, nous sommes absents, ce jour-là.
  — Non, je suis désolé(e), nous sommes pris, ce soir-là.
  — Hélas, nous ne sommes pas libres, nous ne serons pas là.

- Nous organisons…
- J'aimerais vous inviter à…
- Vous êtes libres ?
- Vous pouvez venir ?
- Vous pourrez venir ?
- Vous serez là ?

ACTIVITÉS

1 Vrai ou faux ?

	VRAI	FAUX
1. Mathilde a acheté un appartement au cinquième étage.	☐	☐
2. Madame Lefèvre est libre vendredi soir.	☐	☐
3. Monsieur Saunier est pris vendredi soir.	☐	☐

2 Complétez par l'adjectif possessif approprié.

1. Je pars en vacances avec __________ mari et __________ enfants.
2. Vous avez __________ passeport ?
3. Pierre téléphone à __________ mère.
4. Anne envoie un courrier à __________ père.
5. — Tu as vu __________ cousins, récemment ?
6. — Non, mais j'ai vu __________ oncle et __________ tante.
7. Mes amis ont décidé de vendre __________ maison.
8. Les parents ont envoyé __________ enfants chez __________ grands-parents.
9. Nous allons chez __________ amis.
10. Il va vendre __________ voiture.

3 Choisissez la bonne réponse.

1. Le | propriétaire | locataire | possède un appartement.
2. On peut | louer | rencontrer | les voisins.
3. Je paye un | loyer | immeuble | tous les mois.
4. Elle | loue | paye | un appartement à Lyon.
5. Mon propriétaire | possède | habite | tous les appartements de l'immeuble.
6. Mes voisins habitent dans le même | appartement | immeuble |.

4 Répondez, en variant les réponses.

1. Vous êtes libre, samedi soir ? — Non, ______________________________.
2. Vous pouvez venir, dimanche ? — Oui, ______________________________.
3. Vous pouvez venir dîner, vendredi ? — Non, ______________________________.
4. Vous serez là, jeudi, pour notre fête ? — Oui, ______________________________.
5. Vous voulez déjeuner avec nous ? — Oui, ______________________________.

5 Vous invitez vos voisins à un dîner simple. Ils acceptent. Vous proposez une date : ils sont pris. Vous changez la date : ils sont libres. Imaginez et jouez le dialogue.

Parler aux autres

2 Au travail

Charlotte : Tu es libre pour déjeuner, aujourd'hui ?

Aude : Oui, avec plaisir ! Je t'appelle vers midi, **ça te va***?

Charlotte : Très bien, à tout à l'heure !

(Vers midi.)

Aude : On va déjeuner ?

Charlotte : Oui, d'accord, je finis juste un rapport et j'arrive.

(Plus tard.)

Aude : Tu veux prendre un café ?

Charlotte : Non, désolée, je ne peux pas, je dois retourner à mon bureau, j'ai une réunion.

Grammaire

« On »

■ **La langue familière utilise « on » à la place de « nous »**

Nous allons au cinéma.
On va* au cinéma.

Nous sommes partis à 4 h.
On est* partis à 4 h.

Nous nous sommes levés tôt.
On s'est levés tôt.

Vocabulaire

- le bureau
- la cantine (= le restaurant d'entreprise)
- organiser une réunion (de travail)
- être en réunion, en rendez-vous
- faire = écrire un rapport
- réserver une salle de réunion
- La photocopieuse (ne) marche (pas).
- envoyer/recevoir un fax, un courrier électronique (un courriel)

Manières de dire

- Tu es libre, mardi soir ?
  — Oui, je suis libre.
  — Oui, mardi, c'est bien.
  — Oui, ça me va*.
  — Non, je suis pris(e).
  — Non, désolé(e), je ne peux pas !
  — Non, je suis vraiment désolé(e).
- Mercredi, à 10 heures, ça te/vous convient ? Ça te/vous va * ?
  — Oui, ça me convient. Ça me va*.
  — Non, désolé(e), ça va être difficile. J'ai déjà une réunion.
- Tu veux un café ?
  — Oui, volontiers !
  — Oui, avec plaisir.
  — Oui, je veux bien.
  — Non, merci.

Remarque. Le mot « bureau » a plusieurs sens. « Je suis **au** bureau » (= dans l'entreprise). « Je suis **dans** mon bureau » (à l'intérieur d'une pièce spécifique). « Je pose le papier **sur** mon bureau » (= sur la table de travail).

ACTIVITÉS

1 **Vrai ou faux ?**

	VRAI	FAUX
1. Aude accepte de déjeuner avec Charlotte.	☐	☐
2. Charlotte prendra un café avec Aude plus tard.	☐	☐

2 **Remplacez « nous » par « on » et faites les modifications nécessaires.**

1. Nous venons avec vous. ______

2. Nous sommes arrivés en avance. ______

3. Nous avons déjeuné ensemble. ______

4. Nous nous sommes occupés de ce projet. ______

5. Nous ne nous couchons pas tôt. ______

6. Nous partirons vendredi. ______

7. Nous faisons du sport. ______

8. Nous allons prendre une décision. ______

3 **Complétez.**

1. Les collègues déjeunent à la ______.

2. Je dois ______ un rapport. *(2 possibilités)*

3. Ils ont reçu une vingtaine de ______ électroniques.

4. Ils vont organiser une ______ pour discuter de ce projet.

5. Zut, le fax ne ______ pas !

6. Je vais réserver une ______pour la réunion de demain.

4 **Répondez, en variant les expressions.**

1. Tu viens déjeuner ? — Non, ______.

2. Tu veux un café ? — Oui, ______.

3. Tu es libre, à 14 heures ? — Non, ______.

4. Jeudi soir, ça te convient ? — Non, ______.

5. La réunion est à 15 h 30, ça te va ? — Oui, ______.

5 **Vous proposez les activités suivantes à des amis. Faites les questions, et imaginez les réponses.**

1. déjeuner ensemble, mercredi

2. aller voir un film demain soir

3. prendre un café ensemble

27 Demander à quelqu'un de faire quelque chose

Au bureau

Denis : Isabelle, s'il vous plaît, **est-ce que vous pouvez** prévenir Alain Sabatier que je serai un peu en retard ? Ah ! Autre chose : **il faudrait** envoyer ce fax aujourd'hui, parce que j'ai besoin d'une réponse rapide.

Isabelle : D'accord, je m'en occupe tout de suite. Zut, je ne sais pas si le fax marche bien… Odile**, tu peux** me donner le numéro de fax de la société BNH ?

Odile : Oui, tiens, le voilà. Dis-moi, **ça t'ennuierait de** répondre à mon téléphone pendant quelques minutes ?

Isabelle : Non, pas du tout, je fais passer ce fax et je m'installe à ton bureau dans un instant.

Grammaire

Le discours indirect

Dites-lui : « Je serai en retard ».
→ Vous pouvez lui dire **que je** serai en retard ?

Je dois demander : « Est-ce que c'est important ? »
→ Je dois demander **si c'est** important.
« Luc est là ? »
→ Je ne sais pas **si Luc** est là.

Demandez-lui : « Où est-ce que vous travaillez ? »
→ Demandez-lui **où il** travaille.

Demandez-leur : « Quand est-ce que vous partez ? »
→ Demandez-leur **quand ils** partent.

Vocabulaire

- quelques minutes
- un instant < un moment < un certain temps
- un quart d'heure (= 15 minutes)
- tout de suite = immédiatement
- huit jours = une semaine
- quinze jours = deux semaines
- hier, aujourd'hui, demain
- la semaine dernière ≠ la semaine prochaine
- être en avance ≠ en retard
- être à l'heure = être ponctuel

Manières de dire

- Est-ce que vous pouvez… + *infinitif* ?
- Vous pourriez… + *infinitif* ?
- Il faudrait… + *infinitif*
- Ça vous ennuierait de… + *infinitif* ?
- Est-ce que tu peux… + *infinitif* ?
- Tu pourrais… + *infinitif* ?
- Ça t'ennuierait de… + *infinitif* ?

Remarques de vocabulaire. **1.** Les Français disent « huit jours » pour « une semaine » et « quinze jours » pour « deux semaines ». « Je reviens dans huit jours » = dans une semaine. – **2.** « Je m'en occupe » = « Je vais le faire. »

ACTIVITÉS

1 Vrai ou faux ?

	VRAI	FAUX
1. Denis ne sera pas à l'heure à son rendez-vous.	☐	☐
2. Le fax ne marche pas.	☐	☐
3. Isabelle va prendre les appels d'Odile.	☐	☐

2 Transformez en style indirect.

1. Est-ce qu'elle est libre ? → Je ne sais pas ________________.
2. Nous serons absents. → Dis-lui ________________.
3. Est-ce que la salle est réservée ? → Il faut que je demande ________________.
4. Où est-ce qu'ils habitent ? → Demandez-leur ________________.
5. Est-ce qu'il est invité ? → Demande-lui ________________.

3 Complétez.

1. La réunion est à 16 heures. Si Paul arrive à 15 h 50, il est ______ ____________ ;
   à 16 h 10, il est ______ ____________, à 16 heures, il est ______ ____________.
2. ________________, nous sommes le 26 novembre. ________________, c'était le 25.
   ________________, nous serons le 27.
3. J'arrive __________ __________ __________ !
4. Il revient dans 15 minutes = dans un __________ __________.
5. Elle est en vacances pour une semaine, elle revient dans ________________ jours.

4 Complétez par un verbe approprié.

1. Ça vous ________________ de changer l'heure de la réunion ?
2. Est-ce que tu ________________ me donner l'adresse électronique de Ludovic ?
3. Est-ce que ça t'________________ de déjeuner à 13 heures au lieu de 12 heures ?
4. Est-ce que vous ________________ téléphoner à Benjamin Rousseau ?
5. Il ________________ envoyer ce courrier avant midi, s'il vous plaît.

5 Vous demandez à votre collègue de faire un certain nombre de choses. Variez les phrases.

1. envoyer un fax
2. téléphoner à un client
3. faire la réunion à 15 heures au lieu de 14 h 30
4. trouver l'adresse de quelqu'un

28 Proposer

La préparation d'un pique-nique

Hélène : Et si on* faisait un pique-nique ?
Jérôme : Ah oui, bonne idée ! **On pourrait** aller dans la forêt, c'est magnifique à cette saison.
Hélène : Oui, pourquoi pas ? Qu'est-ce qu'on emporte ?
Jérôme : On pourrait prendre du jambon, du pain, des tomates…
Hélène : Et si on achetait des gâteaux, pour le dessert ?
Jérôme : Oui, **je propose qu'**on s'arrête à la pâtisserie. Et **qu'est-ce que tu dirais** d'une petite bouteille de rosé, pour accompagner tout ça ?
Hélène : Bonne idée… n'oublions pas les verres et les assiettes en carton. On va mettre tout ça dans le sac à dos ?

Grammaire

Le conditionnel présent

Radical du futur + terminaisons de l'imparfait

partir	je parti**rais**, tu parti**rais**, il parti**rait**, nous parti**rions**, vous parti**riez**, ils parti**raient**
venir	je viendrais, tu viendrais…
aller	j'irais, tu irais…
pouvoir	je pourrais, tu pourrais…

Vocabulaire

- faire un pique-nique → pique-niquer
- des assiettes en carton
- des serviettes en papier
- des verres en plastique
- une thermos
- un sac à dos
- faire une promenade
- trouver un endroit pour pique-niquer à l'ombre ≠ au soleil
- la forêt = les bois
- la campagne, la mer, la montagne…

Manières de dire

- Je propose que… + *subjonctif*
- Je propose de… + *infinitif*
- Qu'est-ce que tu dirais de… + *infinitif* ?
- On pourrait *(familier)*… + *infinitif* ?
- Et si… + *imparfait* ?
- Qu'est-ce que vous diriez de… + *infinitif* ?
- Nous pourrions… + *infinitif*

ACTIVITÉS

1 Vrai ou faux ?

	VRAI	FAUX
1. Jérôme aimerait aller dans les bois.	☐	☐
2. Hélène n'aime pas les gâteaux.	☐	☐
3. Hélène et Jérôme vont boire du vin.	☐	☐

2 Complétez au conditionnel.

1. Je ________________ volontiers un thé. *(prendre)*
2. On ________________ aller à la mer. *(pouvoir)*
3. Si elle pouvait, elle ________________ du ski. *(faire)*
4. Si tu avais un travail, tu ________________ content, non ? *(être)*
5. Qu'est-ce que tu ________________ de faire une promenade ? *(dire)*
6. Vous ________________ réserver une chambre. *(devoir)*

3 Complétez.

1. Nous aimons bien manger dans la nature, faire des ________________-________________.
2. Tu peux mettre le café dans une ________________, pour qu'il reste chaud ?
3. Tu veux t'installer au soleil ? — Non, je préfère m'asseoir à ________________.
4. Ils aiment la nature, les arbres, ils font des ________________ en ________________.
5. Pour pique-niquer, j'emporte des assiettes en ________________ et des serviettes en ________________.

4 Complétez par « de », « que » ou rien, selon le cas.

1. Je propose _______ organiser une fête.
2. Qu'est-ce que tu dirais _______ inviter Anne et Christian ?
3. On pourrait _______ faire une promenade.
4. Je propose _______ tu téléphones à Adèle.
5. Il propose _______ faire un pique-nique avec les enfants.
6. Nous pourrions _______ mettre la thermos dans le sac à dos.

5 Vous êtes avec un groupe d'amis. Vous proposez diverses activités pour le week-end. Faites des phrases en variant les expressions.

____

____

____

29 Parler de sa santé

1 À la pharmacie

Simon : Bonjour, madame, **je voudrais quelque chose pour la digestion,** s'il vous plaît.

La pharmacienne : Oui, monsieur. C'est pour vous ou pour un enfant ?

Simon : C'est pour moi. J'ai mangé quelque chose que **je n'ai pas digéré.**

La pharmacienne : Vous avez de la fièvre ?

Simon : Non, je ne crois pas.

La pharmacienne : Voilà, je vais vous donner ceci. **Vous prenez deux comprimés**, deux fois par jour.

Simon : Je voudrais aussi **quelque chose pour le rhume**, pour un enfant de 6 ans.

La pharmacienne : Il tousse ?

Simon : Oui, et **il a mal à la gorge**.

La pharmacienne : Alors, je vais vous donner **un sirop** qui est très efficace. Vous lui donnerez une cuillerée à soupe de sirop, quatre fois par jour.

Grammaire

Les pronoms indéfinis

quelque chose ≠ rien
quelqu'un ≠ personne
quelque part ≠ nulle part
n'importe où, n'importe qui
n'importe quand, n'importe quel…
tout ≠ rien
chacun (e) ≠ aucun(e)

Vocabulaire

- le pharmacien, la pharmacienne
- une ordonnance
(= la prescription du médecin)
- quelque chose pour le rhume, la fièvre…
- prendre un médicament, des vitamines…
- un sirop contre la toux
- un comprimé d'aspirine
- un antibiotique
- des gouttes pour les yeux

Manières de dire

- Je voudrais quelque chose pour…/contre…
- J'ai de la fièvre. J'ai 38°5 de fièvre. (« trente-huit cinq »)
- Je tousse.
- J'ai mal à la gorge.
- J'ai un rhume. = Je suis enrhumé.
- J'ai une indigestion.

Remarque. Les pharmaciens peuvent donner des conseils médicaux pour de petits problèmes de santé.

ACTIVITÉS

1 Vrai ou faux ?

	VRAI	FAUX
1. Simon est très malade.	☐	☐
2. Il est enrhumé.	☐	☐
3. Simon achète quelque chose contre la toux.	☐	☐

2 Répondez en utilisant les indéfinis.

1. Tu as tout vu ? — Non, ______________________.
2. Il connaît quelqu'un ? — Non, ______________________.
3. Vous avez mangé quelque chose ? — Non, ______________________
4. On peut acheter de l'aspirine seulement dans quelques pharmacies particulières ? — Non, ______________________ ______________________.
5. Elle a trouvé ce livre quelque part ? — Non, ______________________.
6. Il est difficile de trouver une boulangerie, en France ? — Non, ______________________.
7. Chacun a fait un exercice ? — Non, ______________________.

3 De quoi parle-t-on ?

1. C'est la boutique où l'on va pour acheter des médicaments. → ______________
2. C'est le médicament que l'on prend si on a mal à la tête. → ______________
3. C'est ce qu'on donne généralement à quelqu'un qui tousse. → ______________
4. Si on a une grave infection, on doit prendre ce médicament. → ______________
5. C'est le nom de la prescription du médecin. → ______________
6. Elles s'appellent « B 12 », « C », « D ». → ______________
7. On les met dans les yeux. → ______________
8. Elle est de 38° 5. → ______________

4 Associez, pour constituer une phrase complète.

1. J'ai 39°	a. à la gorge.
2. Il est	b. la toux.
3. Elle a mal	c. une indigestion.
4. J'ai	d. de fièvre.
5. Je voudrais quelque chose pour	e. enrhumé.

5 À vous ! Vous allez à la pharmacie pour un petit problème médical. Imaginez et jouez le dialogue avec le pharmacien.

2 Une jambe cassée

Madame Mercier : Oh là là ! **Qu'est-ce qui vous est arrivé** ?

Madame Fleury : Je me suis cassé la jambe !

Mme Mercier : Je vois ! **Comment* vous avez fait ça** ?

Mme Fleury : C'est vraiment bête, **je suis tombée dans l'escalier**...

Mme Mercier : Dans l'escalier ?!

Mme Fleury : Mais oui, samedi dernier, je suis descendue pour faire mes courses, j'étais assez pressée. J'ai raté une marche et je me suis retrouvée un étage plus bas. Maintenant, **j'ai la jambe dans le plâtre** pour quatre semaines...

Mme Mercier : Oh ma pauvre ! Si vous avez besoin de quelque chose, n'hésitez pas à m'appeler, je suis là toute la journée.

Mme Fleury : Merci, je ne dis pas non...

Grammaire

Passé composé avec auxiliaire « être »

aller, venir, entrer, sortir, monter, descendre, partir, arriver, passer, rester, retourner, tomber, naître, mourir

■ **Verbes pronominaux**

s'occuper je me suis occupé(e)
tu t'es occupé(e)
il/elle s'est occupé(e)
nous nous sommes occupé(e)s
vous vous êtes occupé(e)(s)
ils se sont occupés
elles se sont occupées

Vocabulaire

- se cogner contre quelque chose
- se tordre la cheville = avoir une entorse
- tomber (dans l'escalier, dans la rue...)
- se casser la jambe = avoir une fracture de la jambe
- avoir le bras dans le plâtre ≠ enlever le plâtre, le bandage
- faire de la rééducation

Manières de dire

- Qu'est-ce qui vous est arrivé ? Qu'est-ce qui s'est passé ?
- Comment vous avez fait ça ? *(familier)*
  — Je suis tombé(e)...
  — Je n'ai pas vu...
  — J'ai raté une marche...

Remarques. **1.** Les Français aiment beaucoup la forme négative. « Je ne dis pas non. » = « Je ne refuse pas. » = « J'accepte. » – **2.** Attention à la structure : « Je me suis cassé la jambe, je me suis lavé les dents... » (et non « ~~j'ai cassé ma jambe~~ ».

ACTIVITÉS

1 Vrai ou faux ?

	VRAI	FAUX
1. Madame Fleury a eu un accident de voiture.	☐	☐
2. Elle a le bras dans le plâtre.	☐	☐
3. Madame Mercier propose son aide.	☐	☐

2 Mettez les phrases suivantes au passé composé.

1. Nous arrivons à l'heure. → ____________________

2. Je me casse le bras. → ____________________

3. Il part à 18 heures. → ____________________

4. Je me fais mal. → ____________________

5. Elle tombe dans la rue. → ____________________

6. Nous restons là. → ____________________

7. Il se tord la cheville. → ____________________

8. Tu te brosses les dents. → ____________________

3 Complétez.

1. Caroline a une ____________________, elle s'est ____________________ la cheville.

2. Éric s'est ____________________ la jambe, il a la jambe dans le ____________________.

3. Après quelques semaines, on va ____________________ le plâtre, puis Éric va faire de la ____________________.

4. Il est ____________________ en faisant du ski, il a une ____________________ de la jambe.

4 Expliquez la situation.

1. **2.**  **3.**  **4.**

1. ____

2. ____

3. ____

4. ____

3 Chez le médecin

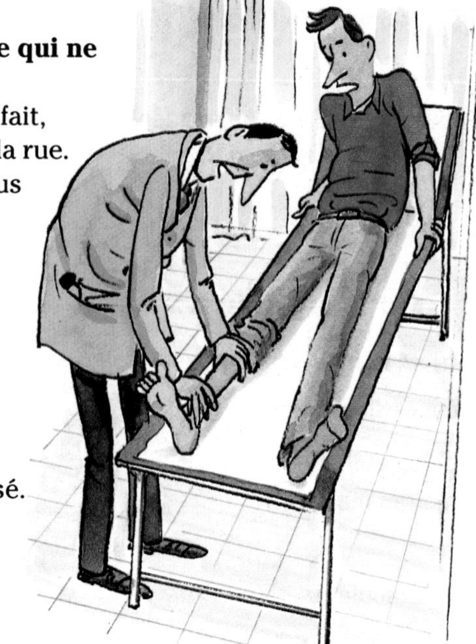

Le médecin : Bonjour, monsieur. Alors, **qu'est-ce qui ne va pas** ? Vous boitez ?
Le patient : **Je me suis fait mal à** la cheville. En fait, **je me suis tordu la cheville** en courant dans la rue.
Le médecin : Montrez-moi votre cheville, s'il vous plaît. (...) Ah oui, elle est enflée. Tournez la cheville vers moi.
Le patient : Aïe !
Le médecin : Posez le pied par terre. Quand j'appuie là, **ça fait mal** ?
Le patient : Aïe ! Oui, ça fait mal !
Le médecin : Eh bien, je pense que vous avez **une grosse entorse** ! Je vais vous prescrire une radio, pour vérifier que ce n'est pas cassé.

Grammaire

Le gérondif

■ **Exprime la manière**
Comment* vous avez fait ça ?
— En courant.
— En faisant du sport.
— En coupant des légumes.

■ **Exprime la simultanéité**
Quand est-ce que tu as vu Paul ?
— En allant au bureau.
— En attendant le bus.
Arrête de parler en mangeant !

Vocabulaire

- être enflé
- appuyer (sur...)
- tourner la cheville, la main...
- remuer le bras, la main...
- marcher avec des béquilles
- boiter...
- faire une radio, un scanner, une prise de sang...

Manières de dire

- Qu'est-ce qui ne va pas ?
  — Je me suis fait mal à... la main, la jambe.
  — Je me suis fait mal au... dos, pied.
- Ça fait mal ?
  — Oui, ça fait (très) mal !
- Où est-ce que vous avez mal ?
  — J'ai mal... à la tête, au bras, aux dents... J'ai très mal !

ACTIVITÉS

1 Vrai ou faux ?

	VRAI	FAUX
1. Le patient s'est cassé la jambe.	☐	☐
2. Il ne peut pas remuer la cheville.	☐	☐
3. On doit vérifier que ce n'est pas cassé.	☐	☐

2 Répondez en utilisant le gérondif.

1. Comment est-ce que vous vous êtes fait mal ? — *(jouer au football)* ______________________

2. Quand est-ce que tu as acheté ces fleurs ? — *(sortir du métro)* ______________________

3. Comment tu as attrapé ce rhume ? — *(attendre le bus)* ______________________

4. Quand est-ce qu'elle a rencontré son amie? — *(aller chercher les enfants à l'école)* ____________

____

5. Quand est-ce que vous êtes tombé ? — *(partir au bureau)* ______________________

6. Quand est-ce que tu as vu Lise ? — *(faire des courses)* ______________________

3 Complétez.

1. Il s'est cassé la jambe, il marche avec des ____________________.

2. On ne sait pas si le bras est cassé, on va faire une ____________________, pour vérifier.

3. Elle marche avec difficulté, elle ____________________.

4. La cheville est toute ____________________, elle a doublé de volume !

5. Si j'____________________ là, sur le bras, est-ce que ça fait mal ?

4 Complétez par le verbe approprié.

1. Je me ____________________ mal au bras.

2. Est-ce que ça ____________________ mal ?

3. Où est-ce que vous ____________________ mal ?

4. Qu'est-ce qui ne ____________________ pas ?

5. Vous vous ____________________ mal ?

5 Expliquez un petit accident que vous avez eu. Dites comment c'est arrivé et ce qui s'est passé.

____

____

____

____

____

30 Parler de ses goûts

Entre amis

Ludovic : Je vais voir un spectacle de cabaret, ce soir. **Ça t'intéresse** ?
Émilie : Oui, **j'aime bien** sortir, aller au spectacle…
Ludovic : Moi aussi, mais **je n'aime pas beaucoup** aller au cinéma. **Je déteste** faire la queue devant le cinéma. **Je préfère** le théâtre.
Émilie : Moi aussi, **j'adore** le théâtre. En fait, **je suis passionnée de** théâtre, tu sais ?
Ludovic : Tu aimes la littérature, alors ?
Émilie : Oui, j'aime beaucoup la littérature.
Ludovic : Et tu aimes le cirque ?
Émilie : Ah non, **j'ai horreur du** cirque !

Grammaire

L'usage de l'infinitif

■ **Verbes construits avec « de » + infinitif ou sans préposition**
décider **de**, finir **de**
avoir envie **de**
avoir horreur **de**
avoir besoin **de**
Mais :
préférer, aimer, détester, adorer

Vocabulaire

- un passe-temps, une activité
- faire de la musique, du chant, de la danse…
- faire du sport, du tennis, du football…
- être passionné de cinéma, de sport…
- aller à la pêche…
- lire des romans policiers
- aimer la littérature, la poésie, le théâtre
- aller au concert

Manières de dire

- Vous aimez la musique ?
— Oui, j'aime bien la musique. < Oui, j'aime beaucoup la musique. < Oui, j'adore la musique. < Oui, je suis passionné(e) de musique.
— Non, je n'aime pas beaucoup la musique. < Non, je n'aime pas la musique. < Non, je déteste la musique. < Non, j'ai horreur de la musique.
- Ça vous intéresse ? Ça t'intéresse ?
— Oui, ça m'intéresse (beaucoup). Non, ça ne m'intéresse pas (beaucoup).
- Vous vous intéressez au cinéma ? Tu t'intéresses au cinéma ?
— Oui, je m'y intéresse ! Non, je ne m'y intéresse pas.

ACTIVITÉS

1 Vrai ou faux ?

	VRAI	FAUX
1. Émilie accepte d'aller au cabaret.	☐	☐
2. Ludovic et Émilie détestent le théâtre.	☐	☐
3. Émilie déteste le cirque.	☐	☐

2 Complétez par une préposition ou un article, si nécessaire.

1. Elle déteste ______________ bruit.

2. Ils ont horreur ______________ romans policiers.

3. Tu as envie ______________ sortir ?

4. Il a besoin ______________ billets pour le spectacle.

5. Elle préfère ______________ cinéma.

6. J'adore ______________ musique.

7. Nous avons décidé ______________ voir ce spectacle.

8. J'aime beaucoup ______________ faire du sport.

3 Qu'aiment-ils faire ?

1. **2.** **3.** **4.**

1. ____

2. ____

3. ____

4. ____

4 À vous ! Répondez librement, en variant les expressions.

1. Est-ce que vous aimez la musique ?

2. Est-ce que le sport vous intéresse ?

3. Est-ce que vous aimez la campagne ?

4. Est-ce que vous vous intéressez à l'histoire de votre pays ?

5. Est-ce que vous aimez lire ?

31 Parler de son curriculum vitae

Une baby-sitter

Constance : Voilà, je cherche une jeune fille pour garder mes enfants, un bébé de 5 mois et une petite fille de 4 ans. Vous vous êtes déjà occupée d'enfants ?

Alix : Oui, bien sûr, **je me suis beaucoup occupée d'**enfants. D'abord, j'ai deux petits frères et une petite sœur, donc **j'ai l'habitude !** J'ai beaucoup aidé ma mère !

Constance : Vous avez aussi travaillé pour d'autres familles ?

Alix : Oui, **j'ai fait du baby-sitting** pour une famille allemande. Il y avait trois enfants de 9 mois, 3 ans et 5 ans et demi.

Constance : Vous avez donc l'habitude des bébés ?

Alix : Oui, bien sûr. **Je sais** changer les couches et donner un biberon ! Et puis, **je connais bien** les enfants.

Constance : Vous êtes libre à quel moment ?

Alix : Je suis libre tous les soirs sauf le jeudi soir, parce que j'ai un cours. **Je suis disponible** aussi le week-end, si vous me prévenez quelques jours à l'avance.

Grammaire

« savoir » / « connaître »

■ **« savoir » + infinitif**
Je sais conduire.
Il ne sait pas nager.

■ **« savoir » + « qui/quand/comment… »**
Je sais qui viendra à la fête.
Elle ne sait pas où il habite.

■ **« connaître » une personne, un lieu…**
Je connais un petit restaurant agréable.
Il connaît François.

Vocabulaire

- un bébé
- s'occuper d'un enfant en bas âge
- changer les couches du bébé
- donner le biberon à un bébé
- donner à manger à un enfant
- donner un bain à un enfant
- mettre un enfant au lit
- raconter une histoire à un enfant
- chanter une chanson

Manières de dire

- Vous avez déjà une expérience professionnelle ? — Oui, j'ai de l'expérience…
- Vous savez… ? — Oui, je sais bien…
- Vous vous êtes déjà occupé(e) de… ? — Oui, je me suis occupé(e) de…
- Vous avez l'habitude de… ? — Oui, j'ai l'habitude de…
  — Non, je n'ai pas l'habitude de…
- Vous connaissez… ? — Oui, je connais…/Non, je ne connais pas…
- Vous êtes disponible ? — Oui, je suis libre = disponible.

ACTIVITÉS

1 Vrai ou faux ?

	VRAI	FAUX
1. Constance n'est pas fille unique.	☐	☐
2. Elle a de l'expérience avec les enfants.	☐	☐
3. Elle n'est pas libre le soir.	☐	☐

2 Complétez par « savoir » ou « connaître » au présent.

1. Tu ____________________ où habite Noëlle ?
2. Oui, mais je ne ____________________ pas son adresse.
3. Léon ____________________ utiliser cette machine ?
4. Je ne ____________________ pas faire cet exercice !
5. Ils ____________________ bien l'Allemagne ?
6. Je ne ____________________ pas si elle sera là.
7. Vous ____________________ le château de Chantilly ?

3 Associez, pour constituer une phrase complète.

1. Il faut que je change
2. C'est l'heure de mettre
3. Tu peux lui donner
4. Elle s'occupe
5. Mon fils adore que
6. J'ai l'habitude de

a. un biberon ?
b. je lui raconte une histoire.
c. donner un bain à un bébé.
d. la couche du bébé.
e. les enfants au lit.
f. bien des enfants.

4 Trouvez une question.

1. ____ ? — Oui, je sais m'occuper d'un bébé.
2. ____ ? — Oui, j'ai l'habitude des enfants en bas âge.
3. ____ ? — Oui, j'ai beaucoup d'expérience.
4. ____ ? — Oui, je connais des chansons pour les enfants.
5. ____ ? — Oui, je me suis déjà occupé de jeunes enfants.

5 À vous ! Parlez de votre expérience professionnelle. Que savez-vous faire ? Que connaissez-vous bien ?

____

____

____

Parler de soi

32 Demander et donner son opinion

Entre collègues

Xavier : Qu'est-ce que tu penses de ce projet ?
Jérémie : Moi, **je trouve que** c'est intéressant, et toi ?
Xavier : À mon avis, le projet va coûter trop cher ! Nous n'avons pas les moyens d'organiser cette conférence. En plus, **je crois que** nous venons de dépenser beaucoup d'argent, récemment… Tiens, Marie-Claude, **j'aimerais avoir ton opinion sur** la question.
Marie-Claude : Je pense que le projet est intéressant, **mais** ce n'est pas le bon moment, **en effet.**
Paul : Moi, **je suis contre** ce projet, **c'est ridicule de** le lancer maintenant !
Hélène : Tiens, je viens de recevoir un courriel de François qui me parle de ce projet. **Il est pour**, apparemment !

Grammaire

Le passé récent

■ **Verbe « venir » au présent, suivi de « de » + infinitif**

Je viens d'arriver.
Nous venons de téléphoner au client.
Ils viennent de recevoir un fax.
Je viens de m'occuper de…

Vocabulaire

- un budget
- les finances d'une entreprise
- dépenser de l'argent ≠ économiser
- avoir les moyens de…
- le directeur financier
- lancer un projet
- organiser un séminaire, une conférence, une réunion…

Manières de dire

- Qu'est-ce que tu penses de… ? Que pensez-vous de… ?
- J'aimerais connaître = avoir ton/votre opinion. Quelle est ton/votre opinion ?
  — Je suis pour ≠ je suis contre.
  — Je pense que… — Je crois que… — Je trouve que…
  — À mon avis,...
  — C'est une bonne ≠ mauvaise idée.
  — C'est le bon ≠ mauvais moment pour…
  — En effet,...
  — C'est ridicule de…

ACTIVITÉS

1 Vrai ou faux ?

	VRAI	FAUX
1. Xavier est contre ce projet.	☐	☐
2. Marie-Claude est d'accord pour faire ce projet, mais à un autre moment.	☐	☐
3. Hélène vient de parler avec François.	☐	☐

2 Mettez les phrases suivantes au passé récent.

1. Il a réservé. → ______
2. Elle est partie. → ______
3. J'ai reçu une lettre. → ______
4. Il s'est occupé de cette question. → ______
5. Ils sont arrivés. → ______
6. Tu as dit le contraire ! → ______
7. Ils ont eu une réunion. → ______
8. Nous avons acheté une maison. → ______
9. Vous avez payé ? → ______
10. Je me suis levé. → ______

3 Choisissez la bonne réponse.

1. Nous allons [organiser | dépenser] une conférence.
2. Je n'ai pas les [moyens | finances] de partir.
3. En ce moment, nous devons [organiser | économiser] de l'argent.
4. Il s'occupe des [moyens | finances] de l'entreprise.
5. Ils doivent organiser une [conférence | entreprise].

4 Complétez.

1. J'aimerais ______ votre opinion.
2. À mon ______, ce n'est pas possible.
3. Qu'est-ce que tu ______ de ce film ?
4. Je ______ que c'est un bon film.
5. C'est une mauvaise ______ de partir maintenant.
6. Quelle est l'______ de Xavier ?

5 Vous êtes avec un groupe d'amis. Vous parlez d'une activité, d'un projet commun. Chacun demande ou donne son opinion. Imaginez et jouez le dialogue.

33 Exprimer la surprise

Une fête d'anniversaire

Alain : Jane ! **Ça alors ! Ce n'est pas possible**, tu es venue !

Jane : Eh oui, c'est ton anniversaire aujourd'hui, non ?

Alain : Oui, bien sûr ! **Quelle bonne surprise** ! Mais comment tu as su que j'organisais une fête ce soir ?

Jane : Ah… j'ai mes petits secrets… Non, en fait, j'ai téléphoné à Philippe, et nous avons tout décidé ensemble.

Alain : C'est un magnifique cadeau de te voir. **Je suis encore stupéfait.** Tu m'avais dit que tu étais en voyage, en mai…

Jane : Eh oui, je voulais te faire la surprise…

Alain : Eh bien, champagne !

Grammaire

La nominalisation

venir	la venue
développer	le développement
partir	le départ
sortir	la sortie
entrer	l'entrée
décider	la décision
fêter	la fête
exprimer	l'expression
surprendre	la surprise
voyager	le voyage

Vocabulaire

- fêter son anniversaire
- C'est mon 30e anniversaire.
- un gâteau d'anniversaire
- souffler les bougies
- faire un cadeau à quelqu'un
- recevoir un cadeau, ouvrir les paquets
- ouvrir une bouteille de champagne
- faire une surprise à quelqu'un
- « Bon anniversaire ! »

Manières de dire

- Je suis surpris ! Je suis étonné(e).
- Cela m'étonne !
- Je suis stupéfait(e) !
- Quelle (bonne ≠ mauvaise) surprise !
- Ça alors !
- Ce n'est pas vrai !
- Ce n'est pas possible !
- Incroyable !

ACTIVITÉS

1 Vrai ou faux ?

	VRAI	FAUX
1. Jane ne savait pas qu'il y avait une fête ce soir.	☐	☐
2. Alain est très content de voir Jane.	☐	☐
3. C'est une surprise pour Jane.	☐	☐

2 Complétez par le nom correspondant au verbe en italique.

1. Il *arrive* demain, mais il ne m'a pas dit l'heure de son ____________________.

2. Elle *décide* tout, elle prend toutes les ____________________.

3. Je voudrais *sortir* du magasin, je cherche la ____________________.

4. Le train va *partir* bientôt. À quelle heure est le ____________________ ?

5. Cette entreprise *se développe*. Son ____________________ est remarquable.

3 Que se passe-t-il ? Décrivez les situations.

1. ____________________ **2.** ____________________

4 Complétez par une expression de surprise (variez les structures).

1. Natacha vient à la fête ! ____________________ !

2. Gaspard et Margot vont se marier, ____________________ !

3. Théo est parti vivre en Alaska, ____________________ !

4. Ma grand-mère commence à faire du ski, ____________________ !

5. Kevin n'est pas encore arrivé, ____________________ !

6. Mon voisin ne m'a pas dit bonjour ce matin, ____________________ !

5 Avez-vous déjà eu une grande et bonne surprise ? Laquelle ?

____

34 Exprimer la certitude ou l'incertitude

1 Entre deux mères

Madame Descamps : Alors, comment s'est passée la rentrée ?
Madame Sabatier : Bien ! Ma fille est en 4e, mais mon fils a redoublé sa terminale. Et vous ?
Mme Descamps : Eh bien, ma fille a eu le bac* en juin, et elle entre en fac* en octobre. J'espère que tout ira bien !
Mme Sabatier : J'en suis sûre ! Elle a toujours été une bonne élève, non ? Et votre fils ?
Mme Descamps : Thibaut ? Oh, lui, **il sait** ce qu'il veut faire. Il veut travailler, il veut être pâtissier !
Mme Sabatier : C'est un très beau métier !
Mme Descamps : C'est vrai, et **ce qui est certain, c'est qu**'il trouvera facilement du travail dans ce domaine.

Grammaire

« Ce qui », « ce que »

■ **« Ce qui »**
Ce qui est vrai, c'est que Paul est gentil.
Nous pouvons partir, **ce qui** est difficile.
Ce qui est intéressant, c'est de visiter le musée.

■ **« Ce que »**
Il sait **ce qu**'il veut faire.
Je dis **ce que** je pense.
Elle fait **ce qu**'elle dit.
Ce que j'aime, c'est aller au cinéma.

Vocabulaire

- aller/être à l'école maternelle, à l'école primaire, au collège, au lycée
- être/passer en 6, 5e, terminale…
- entrer en fac*
- redoubler une classe
- être dans la même classe que…
- passer un examen, puis…
  … le réussir, l'avoir
  … ≠ le rater, échouer à l'examen
- faire des études de (mathématiques, philosophie…)

Manières de dire

- Je suis sûr(e) que…
- Je suis certain(e) que…
- Il va…
- Bien sûr, il…, elle…
- C'est vrai.
- C'est sûr.
- C'est certain.
- Ce qui est certain, c'est que…
- C'est confirmé.

Remarques de vocabulaire. **1.** La « fac* » = la faculté = l'université. – **2.** « La rentrée » est le premier jour de l'école après les vacances, et, finalement, toute la période (septembre-octobre) qui suit les grandes vacances d'été.

ACTIVITÉS

1 Vrai ou faux ?

	VRAI	FAUX
1. Le fils de Madame Sabatier a eu le bac.	☐	☐
2. Thibaut veut faire des études universitaires.	☐	☐
3. Thibaut trouvera du travail.	☐	☐

2 Complétez par « ce qui » ou « ce que ».

1. Il ne sait pas ______________ il veut.
2. ______________ est agréable, c'est de faire une promenade.
3. Elle va déménager, ______________ va être intéressant.
4. ______________ nous voulons, c'est faire des études.
5. Elle dit ______________ elle pense.
6. ______________ est certain, c'est qu'ils vont redoubler la seconde.
7. ______________ il aime, c'est organiser des fêtes.
8. ______________ est bien, c'est qu'elle a trouvé un travail intéressant.

3 Associez, pour constituer une phrase complète.

1. Il a eu le bac, donc
2. Elle a fini sa première, donc
3. Elle entre en fac, donc
4. Il a fini sa terminale, mais
5. Elle a raté son bac, donc

a. elle fait des études universitaires.
b. elle redouble sa terminale.
c. il peut entrer en fac.
d. elle entre en terminale.
e. il a raté son bac.

4 Répondez librement, en exprimant une certitude.

1. Votre fils va réussir son bac ? — ______________________________
2. Elle voudrait faire des études ? — ______________________________
3. Il entre en fac ? — ______________________________
4. Tu penses qu'elle va venir ? — ______________________________
5. La rentrée est le 5 septembre ? — ______________________________

5 À vous ? Êtes-vous sûr(e) de certaines choses ? Avez-vous des projets clairs ? Lesquels ?

____
____
____
____

2 Enquête policière

Le policier : Est-ce que vous pouvez me donner votre emploi du temps de lundi dernier ?
Thierry : Euh… **je ne me rappelle pas bien.** Je suis resté à la maison, **je crois.**
Le policier : Vous n'êtes pas sorti ?
Thierry : Ah si ! Je suis sorti quelques minutes, pour faire une course.
Le policier : À quelle heure, précisément ?
Thierry : Dans l'après-midi, **probablement** vers cinq heures et demie.
Le policier : Vous avez parlé à quelqu'un ?
Thierry : Euh… **non, je ne crois pas**…
Le policier : Vous avez entendu du bruit, dans l'appartement d'à côté ?
Thierry : Il me semble que j'ai entendu parler fort, **peut-être même** crier…
Le policier : Vous n'avez pas bougé ? Vous n'avez pas téléphoné à la police ?
Thierry : Non, je croyais que c'était juste une dispute…

Grammaire

Les tournures impersonnelles

Il y a + *nom*
Il faut + *nom*
+ *infinitif*
+ que + *subjonctif*
Il est important, essentiel… que + *subjonctif*
Il (me) manque + *nom*
Il me semble + que + *indicatif*
Il reste + *nom*
Il suffit de + *infinitif* ou + *nom*
Il arrive + que + *subjonctif*
Il est l'heure + de + *infinitif*
+ que + *subjonctif*
Il fait beau, froid, chaud, 15°…, il pleut, il neige.

Vocabulaire

- faire du bruit ≠ rester silencieux
- parler fort ≠ à voix basse
- être bavard = aimer parler ≠ se taire
- bavarder
- avoir une conversation (avec…)
- discuter, avoir une discussion (avec…)
- se disputer, avoir une dispute
- crier, pousser un cri

Manières de dire

- Je ne sais pas trop…
- Je ne suis pas sûr(e).
- Je ne suis pas certain(e).
- Peut-être…
- Probablement…
- Je crois que…
- Il me semble que…
- Ce n'est pas sûr.
- Ce n'est pas certain.
- Peut-être même…
- C'est probable.
- Je ne crois pas.
- Je ne me rappelle pas bien = Je ne me souviens pas bien.

ACTIVITÉS

1 Vrai ou faux ?

	VRAI	FAUX
1. Thierry est allé acheter quelque chose, lundi dernier	☐	☐
2. Thierry a entendu du bruit dans l'appartement.	☐	☐
3. Thierry a téléphoné à la police.	☐	☐

2 Complétez par le verbe approprié.

1. Il ne ______________ pas chaud, aujourd'hui !
2. Le groupe est de six personnes, et nous sommes cinq. Il ______________ quelqu'un.
3. Il ______________ un visa pour aller au Japon.
4. Nous avons acheté six gâteaux. Nous en avons mangé quatre, il en ______________ deux.
5. Il ______________ d'une erreur pour provoquer une catastrophe !
6. Parfois, je ne fais pas attention, et il ______________ que j'oublie mes clés !

3 Associez, pour constituer une phrase complète.

1. Il aime beaucoup parler,	a. agréable.
2. Le soir, il ne faut pas	b. ce sujet.
3. Les enfants	c. il est bavard.
4. La conversation était	d. trop fort.
5. Il parle	e. faire de bruit.
6. Nous avons longuement discuté de	f. se disputent tout le temps.

4 Répondez en exprimant l'incertitude, en variant les expressions.

1. Il viendra au rendez-vous ? — ______________________________
2. Elle est d'accord avec vous ? — ______________________________
3. Le match a lieu mardi soir ? — ______________________________
4. Qu'est-ce que tu préfères ? — ______________________________
5. C'est une bonne idée ? — ______________________________
6. Ils ont pris une décision ? — ______________________________

5 À vous ! De quoi n'êtes vous pas certain(e) ?

____

____

____

____

35 Décrire

Au commissariat de police

Le policier : Vous pouvez décrire l'individu ?

Le gardien : Il était assez grand, brun, il portait un anorak bleu foncé, **il marchait d'une manière** un peu bizarre.

Le policier : Il portait des lunettes ?

Le gardien : Non, quand je l'ai vu entrer dans l'immeuble, il ne portait pas de lunettes. Mais quand il est sorti, il portait des lunettes de soleil, c'est bizarre.

Le policier : Vous lui avez parlé ?

Le gardien : Oui, un tout petit peu. Quand il est arrivé, il m'a demandé à quel étage habitait madame Rabeau. C'est tout.

Le policier : Il avait un accent particulier ?

Le gardien : Non, je n'ai rien remarqué de spécial.

Grammaire

Imparfait – passé composé

Quand il est arrivé, il ne portait pas de lunettes.
Quand je suis sorti, il faisait beau.
Quand Julie est arrivée, je travaillais.
Il lisait tranquillement, quand, soudain, le téléphone a sonné.

Vocabulaire

- grand ≠ petit
- de taille moyenne
- mince ≠ gros, corpulent
- souple ≠ raide
- avoir les cheveux bruns, gris, blonds, roux, blancs, longs, courts…
- avoir les yeux bleus, gris, verts, bruns, noirs
- avoir un grand ≠ petit nez
- porter des lunettes, une barbe, une moustache…

Manières de dire

- Il/elle est… + *adjectif*
- Il/elle a l'air… + *adjectif*
- Il/elle porte…
- Il/elle a…
- Il/elle est très… + *adjectif*
- Il/elle est assez… + *adjectif*

ACTIVITÉS

1 Vrai ou faux ?

	VRAI	FAUX
1. Le gardien porte des lunettes.	☐	☐
2. Le gardien a parlé avec l'individu.	☐	☐
3. L'individu avait un accent bizarre.	☐	☐

2 Complétez à l'imparfait ou au passé composé, selon le cas.

1. Quand nous ____________________ du cinéma *(sortir)*, il ____________________ *(pleuvoir)*.

2. Quand elle ____________________ au bureau *(arriver)*, elle ____________________ l'air contente *(avoir)*.

3. Il ____________________ le bus *(attendre)* quand, soudain, il ____________________ un accident *(voir)*.

4. Les enfants ____________________ la télévision *(regarder)* quand les parents ____________________ de leur soirée *(revenir)*.

5. Quand je ____________________ dans la salle *(entrer)*, tout le monde ____________________ du champagne *(boire)*.

6. Quand j'____________________ l'examen *(passer)*, je ____________________ très bien mon sujet *(connaître)*.

3 Décrivez les personnes suivantes.

1. ________________________________

____

____

____

2. ________________________________

____

____

____

3. ________________________________

____

____

____

____

4 À vous ! Faites une description de vous-même et de votre meilleur(e) ami(e).

____

____

____

____

36 Faire des compliments

Un dîner entre amies

Claire : Qu'il est beau, ce collier ! D'où est-ce qu'il vient ? **Ces couleurs sont magnifiques.**

Lise : Je crois que ça vient d'Afrique. C'est un cadeau.

Claire : C'est splendide. Ça te va très bien.

Lise : Merci… Et toi, **tu as toujours de belles écharpes** ! Je ne la connais pas, celle-là ! Qu'elle est belle ! Où est-ce que tu l'as trouvée ?

Claire : Oh, dans une petite boutique, à côté de chez moi.

Lise : Que tu es élégante ! Cette couleur te va très bien ! En plus, **ça va très bien avec** ton manteau…

Claire : Si je comprends bien, nous sommes belles, nous sommes élégantes… et nous allons certainement bien manger ce soir… car **le dîner sent bon** et **a l'air délicieux**…

Lise : *(rires)*

Grammaire

Quelques adverbes

1. adjectif au féminin + « -ment »
certainement lentement doucement

2. vraiment gentiment

3. apparent apparemment
courant couramment

4. bien ≠ mal
Il comprend bien ≠ mal.

5. Exception : Ça sent bon ≠ mauvais.

Vocabulaire

- **les bijoux**
  une bague, un collier, un bracelet, des boucles d'oreille, une broche, une chaîne et un pendentif
- **les accessoires**
  une écharpe, des gants, un chapeau, une ceinture, un sac à main
- **les matières**
  l'or, l'argent, le cuir, le plastique, le coton, la soie, la laine…

Manières de dire

- Que c'est… ! Que tu es… ! Que vous êtes… !
- Comme c'est… !
- Ça te va bien ! Ça vous va bien !
- Il est joli, ton appartement ! *(style familier)*
- Elle est belle, cette robe ! *(style familier)*
- Ça sent bon !
- Ça a l'air bon ! < Ça a l'air délicieux !

ACTIVITÉS

1 Vrai ou faux ?

	VRAI	FAUX
1. Lise a un très joli collier.	☐	☐
2. Claire aime porter des bijoux.	☐	☐
3. Les deux amies vont manger ensemble.	☐	☐

2 Complétez par l'adverbe correspondant.

1. Elle s'habille avec élégance, elle s'habille ____________________.

2. C'est un film récent, je l'ai vu ____________________.

3. Le repas était très bon, j'ai ____________________ mangé.

4. L'explication est claire, il a expliqué ____________________ la situation.

5. Elle conduit avec prudence, elle conduit ____________________.

6. Il parle avec douceur, il parle ____________________.

7. Le plat a l'air bon, il sent ____________________.

8. Ils répondent avec politesse, ils répondent ____________________.

3 Complétez les légendes.

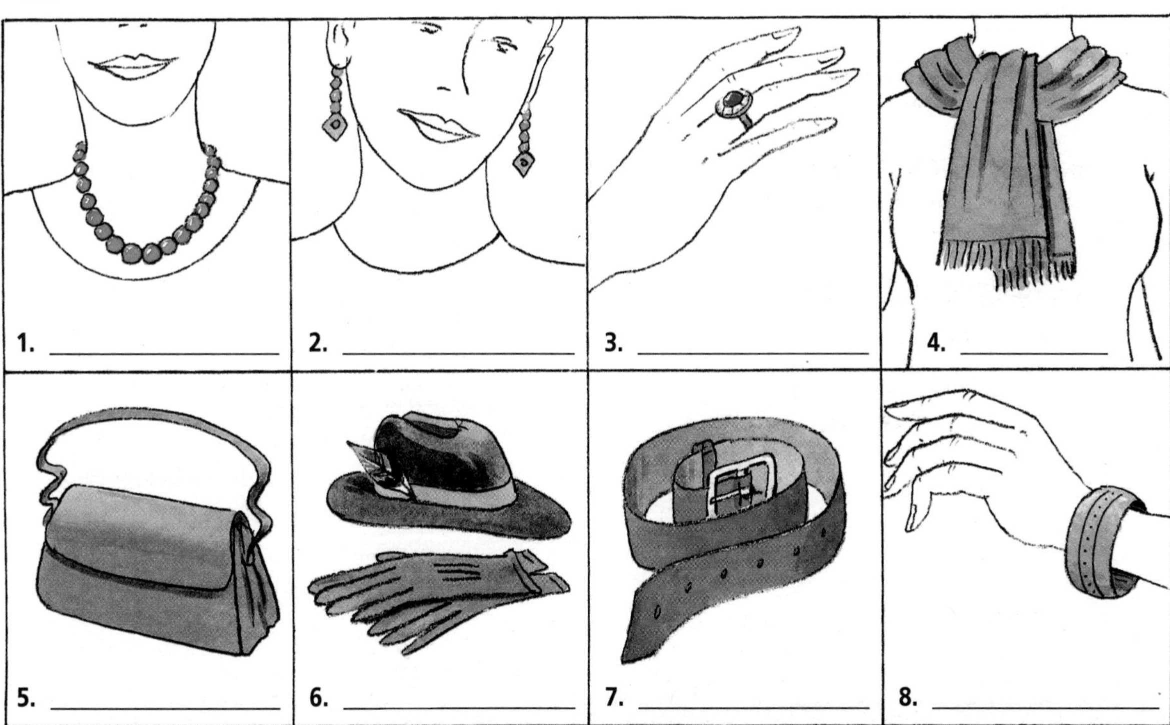

4 À vous ! Vous faites des compliments à vos amis sur leurs vêtements, leur appartement, leur jardin, le dîner qu'ils ont préparé… Imaginez et jouez les dialogues.

37 Féliciter

Bonnes nouvelles !

Margot : Vous savez, j'ai deux nouvelles à vous annoncer !
Élodie : Bonnes ou mauvaises ?
Margot : Deux bonnes nouvelles ! La première, c'est que j'ai eu mon permis de conduire !
Élodie : Bravo ! Je te félicite !
Quentin : Je suis content pour toi ! C'est bien d'être indépendante.
Margot : La deuxième, c'est que Gaspard et moi, nous allons nous marier !
Élodie : C'est vrai ? **Tous mes vœux de bonheur**, alors !
Quentin : Ça, c'est une surprise ! **Toutes mes félicitations**… Tu es vraiment sûre de ta décision ?

Grammaire

« Tout »

■ « Tout » pronom indéfini
Elle sait tout. Il voit tout.
Tout est prêt. Tout va bien.

■ « Tout/toute/tous/toutes » adjectif indéfini
Tout le monde comprend.
Toute la famille est là.
Tous mes amis sont invités.
Toutes ces décisions sont bonnes.

Vocabulaire

- la vie et la mort
- naître ≠ mourir
- il est né en… ≠ il est mort en…
- passer son enfance en…
- rencontrer quelqu'un
- se marier ≠ divorcer
- le mariage ≠ le divorce
- avoir des enfants
- adopter des enfants
- devenir grand-père, grand-mère
- avoir des petits-enfants
- vieillir
- prendre sa retraite

Manières de dire

- Bravo* !
- Je suis content(e) pour toi ! pour vous !
- Je te/vous félicite !
- Je suis fier de toi !
- Félicitations ! Toutes mes félicitations !
- Tous mes vœux de bonheur !

ACTIVITÉS

1 Vrai ou faux ?

	VRAI	FAUX
1. Margot va pouvoir conduire une voiture.	☐	☐
2. Élodie et Quentin savaient que Gaspard et Margot allaient se marier.	☐	☐

2 Complétez par « tout/toutes/tous/toutes », selon le cas.

1. ______________ mes félicitations !
2. Elle a pris ______________ ses livres.
3. Nous avons discuté ______________ la soirée.
4. Il a passé ______________ son enfance dans le Midi.
5. ______________est arrangé.
6. ______________ le monde sait pourquoi il est parti.
7. ______________ mes vœux pour la nouvelle année !
8. Il a ______________ mangé.
9. ______________ les petites routes sont jolies.
10. ______________ va bien !

3 « La vie de Léon. » Complétez par les verbes appropriés au passé composé.

1. Léon ____________________ le 6 août 1908.
2. Il ____________________ son enfance à la campagne.
3. Il ____________________ sa femme Simone pendant le bal du 14 juillet 1929.
4. Simone et Léon ____________________ le 3 mai 1930, à la mairie, puis à l'église.
5. Ils ____________________ trois enfants.
6. Quand les enfants sont partis, Simone et Léon ne sont pas restés ensemble, ils ____________________.
7. Léon ____________________ grand-père, il ____________________ quatre petits-enfants.
8. Finalement, le 1er mai 2000, Léon ____________________ à l'âge de 92 ans. Il a eu une belle vie.

4 Que répondez-vous aux nouvelles suivantes ?

1. « J'ai réussi mon baccalauréat ! »
2. « Nous avons eu un bébé ! »
3. « J'ai obtenu une bourse pour aller faire des études en Allemagne ! »
4. « J'ai enfin trouvé un travail ! »
5. « Nous avons trouvé la maison de nos rêves ! »

38 Consoler et encourager

Après un match

Marius : Quelle horreur ! J'ai mal joué, c'était terrible !
Serge : Mais non, tu as bien joué ! Ton adversaire était plus en forme que toi, c'est tout !
Marius : Je suis un mauvais joueur, je vais arrêter. C'est la deuxième fois que je suis battu en un mois !
Serge : Mais non, tu es fou ! Tu es un bon joueur, **tu n'as pas eu de chance** aujourd'hui, c'est tout ! En plus, le match était mal organisé.
Marius : Tu n'as rien vu ! J'ai horriblement mal joué !
Serge : Pas du tout, j'ai vu la totalité du match. Tu n'étais pas très en forme, c'est vrai, mais **ce n'est pas grave,** tu vas gagner la prochaine compétition. **Ce n'est pas un drame !** Cela fait partie du sport, non ?
Marius : Hum…
Serge : Allez, du courage ! Tu vas retourner à l'entraînement, travailler, te concentrer, et **tout ira mieux la prochaine fois !**

Grammaire

La voix passive

Le livre **est écrit** par Joël.
La maison **a été construite** l'an dernier.
Le match **sera transmis** à la télévision.
La boutique **était fermée.**

Vocabulaire

- faire partie d'une équipe, d'un club
- s'entraîner avec un entraîneur
- avoir* un entraînement
- préparer un match, une compétition
- participer à un match, un championnat
- gagner ≠ perdre, être battu
- bien jouer ≠ mal jouer
- être un bon joueur ≠ un mauvais joueur
- être concentré
- être en forme ≠ ne pas être en forme
- avoir de la chance

Manières de dire

- Mon pauvre, ma pauvre !
- C'est dommage !
- Mais non, tu n'as pas mal joué, parlé…
- Ce n'est pas grave !
- Ce n'est pas un drame !
- Allez !
- Du courage !
- Ça ira mieux la prochaine fois !
- Tu verras, ça va marcher !

ACTIVITÉS

1 Vrai ou faux ?

	VRAI	FAUX
1. C'est la deuxième fois que Marius perd.	☐	☐
2. Marius était en pleine forme pendant le match.	☐	☐
3. Serge pense que Marius est un bon joueur.	☐	☐

2 Transformez les phrases à la voix passive, en conservant le temps du verbe.

1. Gilles organisera une réunion. → La réunion ______________________.
2. Luc bat Joël au tennis. → Joël ______________________.
3. Nicolas a pris une décision. → La décision ______________________.
4. Grégoire a fait un rapport. → Le rapport ______________________.
5. Louise attend Julien. → Julien ______________________.
6. Des milliers de spectateurs regardent le match. → Le match ______________________
____.
7. La presse annonce la nouvelle. → La nouvelle ______________________.
8. L'architecte a construit le château. → Le château ______________________.

3 Choisissez la bonne réponse.

1. Un sportif doit [s'entraîner | entraîner] régulièrement.
2. Il voudrait [préparer | participer] à une compétition.
3. Il est important d'être en [chance | forme] pour être un bon sportif.
4. L'équipe des Blancs a [battu | perdu] le match.
5. Philippe fait partie d'un [club | entraînement].

4 Associez une phrase et la réponse.

1. — J'ai perdu le match, c'est terrible !
2. — Je n'ai pas pu participer à la compétition, j'ai été malade.
3. — Je ne pourrai jamais gagner !
4. — Cette fois-ci, j'ai vraiment mal joué !
5. — C'est trop fatigant, je ne peux plus continuer !

a. — Mon pauvre, c'est dommage !
b. — Allez, du courage ! Continue !
c. — Mais non, ce n'est pas un drame de perdre !
d. — Mais si, tu verras, tu vas gagner !
e. — Tu joueras mieux la prochaine fois !

5 Un(e) de vos ami(e)s a raté un examen. Il/Elle pense qu'il/elle ne pourra jamais réussir. Vous le/la consolez de son échec et vous l'encouragez à continuer. Imaginez et jouez le dialogue.

39 Critiquer

À la sortie d'un match

Jean-Pierre : Alors, comment tu as trouvé le match ?
Benoît : C'était nul ! Quel ennui !
Jean-Pierre : C'est parce que Julien a changé la composition de l'équipe. **C'est une véritable catastrophe** !
Benoît : C'est vrai, **ils perdent toujours. Ils sont mous, passifs**…
Jean-Pierre : En plus, **ils font beaucoup de fautes.** Deux cartons jaunes et un carton rouge dans la même soirée, c'est beaucoup !
Benoît : Et tu as vu quand Renaud a raté la remise en jeu ? J'en suis encore malade…
Jean-Pierre : Ils n'ont même pas marqué un but ! 3 à 0 !
Benoît : Puisqu'ils sont si mauvais, je vais arrêter d'aller voir leur matchs !

Grammaire

Expression de la cause

■ **« Parce que » + phrase**
Cause inconnue
Il joue mal **parce qu**'il est fatigué.

■ **« À cause de » + nom**
Cause inconnue
Il joue mal **à cause de** sa fatigue.

■ **« Comme » + phrase = « puisque » + phrase**
Cause connue : en début de phrase
Comme il est fatigué, il joue mal.

Vocabulaire

- le foot(ball)
- un terrain de foot
- jouer au football
- un arbitre, un joueur, un footballeur
- un gardien de but
- lancer le ballon, rattraper le ballon
- être hors jeu
- siffler un penalty
- marquer un but
- avoir* = recevoir un carton jaune, rouge

Manières de dire

- C'est mauvais ! C'est très mauvais !
- C'est nul !*
- C'est une catastrophe !*
- Ils n'ont même pas…
- Ils sont passifs… mous…
- C'est ennuyeux ! (≠ intéressant)
- Quel ennui !
- C'est raté !

ACTIVITÉS

1 Vrai ou faux ?

	VRAI	FAUX
1. L'équipe n'est plus la même.	☐	☐
2. L'équipe a marqué seulement un but.	☐	☐

2 Complétez les phrases en utilisant une expression de cause. Variez les tournures.

1. Valérie n'est pas là *(malade)* → ____________________

2. Aude et Benjamin sont en retard *(grève de transport)* → ____________________

3. Le train est en retard *(travaux sur la voie)* → ____________________

4. Le match a été annulé *(pluie)* → ____________________

5. Grégoire est content *(permis de conduire)* → ____________________

3 Complétez.

1. C'est ________________ qui siffle le penalty.

2. Le joueur est content, il vient de ________________ un but.

3. Le ________________ de but n'a pas réussi à rattraper le ballon.

4. Le joueur a fait une faute très grave, il a reçu un ________________ ________________.

5. Pierre ________________ le ballon à un joueur, qui le ________________.

6. Dans cette ville, il y a un grand ________________ de foot.

4 Parmi les expressions suivantes, dites lesquelles permettent de critiquer.

1. Ce n'est pas ennuyeux ! ☐

2. C'est raté ! ☐

3. Quel ennui ! ☐

4. C'est super ! ☐

5. C'est nul ! ☐

6. C'est très mauvais ! ☐

7. Ils jouent mal. ☐

5 À vous ! Vous avez vu un spectacle qui était, selon vous, mauvais. Faites des critiques en variant les tournures.

____

____

____

____

Parler des autres

40 Exprimer l'admiration

À la sortie d'un spectacle

Nadège : Alors, qu'est-ce que tu as pensé du spectacle ? Tu as aimé ?
Bruno : Ah oui ! Quel spectacle **extraordinaire** ! **C'était magnifique !**
Nadège : Oui, **c'était splendide** !
Bruno : C'était **remarquablement bien joué**, tu ne trouves pas ?
Nadège : Oui, les acteurs sont excellents.
Bruno : Quel talent ! Ils savent tout faire ! Je ne sais pas comment ils font… Ils dansent, ils chantent, ils jouent la comédie… Pourtant, ce ne sont pas des professionnels !
Nadège : Comme toi !

Grammaire

Expression de l'opposition

Il n'est pas professionnel,
... **mais** il joue bien **quand même**.
... **pourtant** il joue bien.

■ **« Bien que » + subjonctif**
Bien qu'il ne soit pas professionnel, il joue bien.

■ **« Alors que » + indicatif**
Il joue bien, **alors qu'**il n'est pas professionnel.

■ **« Malgré » + nom**
Il joue bien **malgré** son manque de professionnalisme.

Vocabulaire

Le spectacle

- un spectacle (de danse, de théâtre…)
- une représentation d'une pièce de théâtre
- les spectateurs = le public
- aller au théâtre, au concert…
- avoir une place au premier rang, au cinquième rang, au dernier rang
- avoir des places pour le spectacle de…
- un acteur (de théâtre, de cinéma) joue un rôle
- une troupe de théâtre
- un metteur en scène…
- une mise en scène… classique ≠ d'avant-garde
- Le public applaudit.

Manières de dire

- C'est extraordinaire ! Merveilleux !
- Je le/la/les trouve fantastique(s), fabuleux, splendide(s) !
- C'est génial !
- Il/elle joue très bien, il chante très bien, il danse remarquablement bien !
- Quel talent !
- C'est du génie !
- Quelle perfection !

ACTIVITÉS

1 **Vrai ou faux ?**

	VRAI	FAUX
1. Bruno jouait dans le spectacle.	☐	☐
2. Les artistes étaient des amateurs.	☐	☐

2 **Complétez les phrases en exprimant l'opposition. Variez les tournures.**

1. Ils feront une promenade → *(mauvais temps)* ______________________________

2. Sébastien ne parle pas allemand → *(il habite en Allemagne)* ______________________________

3. Bertrand ne répond pas aux lettres → *(j'ai écrit trois fois)* ______________________________

4. L'équipe a perdu le match → *(c'est une bonne équipe)* ______________________________

5. Le film n'est pas bon → *(avec de grands acteurs)* ______________________________

6. Le spectacle est excellent → *(c'est une petite troupe inconnue)* ______________________________

3 **Complétez.**

1. C'est une ____________________ de théâtre assez connue.

2. J'ai deux ____________________ pour la ____________________ de demain soir. Tu veux venir ?

3. Les ____________________ sont très contents du spectacle, ils ____________________.

4. Louis Jouvet était un très grand ____________________ de théâtre.

5. Nous avons des places au cinquième ____________________.

6. Est-ce que tu aimes ____________________ au théâtre ?

4 **Parmi les phrases suivantes, dites lesquelles expriment l'admiration.**

1. Quel ennui ! ☐

2. Quel talent ! ☐

3. C'est génial ! ☐

4. C'est nul ! ☐

5. C'est merveilleux ! ☐

6. C'est raté ! ☐

5 **À vous ! Vous avez vu un spectacle, un match, un concert, que vous avez beaucoup aimé. Exprimez votre admiration pour les artistes ou les sportifs en variant les tournures.**

____

____

____

____

Index grammatical

Index de vocabulaire

D

E

Q

R

S

T

U

V

W

Y

N° d' èditeur: 10126636 - C.G.i. - Aout 2005
Imprimè en Italie par Vincenzo Bona